KB242318

베트남의 호 아저씨

호치민

베트남의 호 아저씨

호치민

김이은 지음

자음과모음

차례

영웅의 탄생

마지막 유언장

숲 속을 누비던 새도 지쳐 자기 둥지를 찾는구나.

천천히 구름 한 조각 외로운 하늘을 떠도네.

마을 처녀가 옥수수를 찧는 동안 불그레한 불씨 하나 피어나네.

호치민 「밤이 오는 시간」, 『옥중 일기』 중에서

끝내 보지 못한 독립 24돌

"아직 통증이 가시지 않았습니까?"

전날 호치민에게 페니실린을 처방했던 의사가 걱정스러운 표정으로 물었다. 호치민은 언제나 그랬듯 부드러운 미소를 지어 보이며 대답했다. 쇠약해질 대로 쇠약해진 몸은 가누기조차 힘들었지만 상대방을 꿰뚫어 보는 듯한 맑은 눈빛은 여전히 살아 있었다.

"괜찮아요. 이젠 정말 좀 나아진 것 같군요."

1969년 8월 어느 날의 일이었다. 호치민은 의사를 만난 뒤 힘겹게 자리에서 일어나 가볍게 맨손체조를 한 다음 화초에 물을 주고, 물고기에게 먹이를 주려 했다. 하지만 소련과 중국에서 온 의사들이 호치민을 둘러싸며 만류하자 그는 결국 다시 자리에 누워야만 했다.

봄까지도 문제가 없던 호치민의 건강은 무더운 여름철이 되자 급격하게 쇠약해지기 시작했다. 의사들은 정기적으로 그의 심장 박동수를 체크하기 시작했다. 그러나 8월 중순이 되자, 호치민의 상태는 갑자기 악화되어 폐에 심한 울혈이 생겼고, 28일에는 맥박도 불규칙해졌다. 그럼에도 호치민은 며칠 뒤, 자신의 가장 든든한 동지 중 한 사람인 팜 반 동이 왔을 때 몸이 점점 더 나아지는 것 같다고 말했다.

"독립 기념일 행사 준비는 차질 없이 되어 가고 있겠지요?"

호치민은 팜 반 동에게 9월 2일로 예정된 독립 기념일 행사에 대해 물었다. 팜 반 동은 호치민이 행사에 참석할 수 있을지 몰라 걱정스러운 표정을 지었으나 행사 준비는 별일 없이 잘 끝났다고 대답했다.

다음날 아침, 호치민은 며칠 전보다는 가벼워진 몸짓으로 일어나 앉아 죽 한 그릇을 다 비우고는 참전 용사들을 만났다. 그는 일일이 사람들의 손을 따뜻하게 잡아 주고 오랜 전투에 시달렸을 그들을 위로했다. 그리고 저녁에는 주변 사람들과 독립 기념일 행사에 대해 이야기를 나눴다. 그러나 호치민의 심장은 베트남의 독립 24돌 기념식까지 버텨 주지 못했다.

독립 기념일 행사가 있는 9월 2일 오전 9시 45분.

호치민의 심장은 멈추고 말았다. 평생을 검소하게 살아 왔던 호치민은 소박한 자신의 집, 나무 침상에 누워 죽음을 맞았다. 그의 나이 79세였다. 보고 싶어 하던 독립 기념일 행사를 끝내 보지 못하고, 남북으로 갈라져 있던 베트남의 완전한 통일을 보지 못한 채 차마 감기지 않는 눈을 감은 것이다.

나를 꼭 화장시켜 달라

호치민의 장례식은 1969년 9월 8일, 하노이의 바 딘 광장에서 열렸다. 베트남 초대 주석의 장례식이었다. 장례식에는 각국의 대표들을 포함하여 10만 명이 넘는 사람들이 모여들었다. 특히 어린이들을 사랑했던 호치민의 죽음 앞에서 사람들은 흘러넘치는 눈물을 감추지 못했다. 사람들은 호치민 주석을 '호 아저씨'라 부르며 마치 자신의 가족이나 친구가 죽은 것처럼 슬퍼했다.

세계 주요 국가에서 조문을 했고, 하노이는 121개국으로부터

2만2천 통의 조문 메시지를 받았다. 많은 글들이 호치민의 소박한 태도와 높은 도덕성에 대해 찬사를 아끼지 않았으며,『타임』지는 그의 사진을 표지에 실었다. 한때 미국이 제일 먼저 제거해야 할 적으로 지목했던 그에게『타임』지는 호치민만큼 꿋꿋하게, 오랫동안 적의 총구 앞에서 자신의 뜻을 굽히지 않았던 사람은 없었다는 말로 추모를 대신했다.

1960년대 말부터 호치민은 유언장을 작성하기 시작했다. 그리고 자신의 손으로 여러 번 유언장을 고쳤는데, 어느 것에나 화장을 해달라는 내용이 꼭 들어가 있었다.

"내가 죽은 후에 웅장한 장례식으로 돈과 시간을 낭비하지 말라. 내 시신은 화장하고, 그 재는 세 상자로 나누어 담아 하나는 북부에, 하나는 중부에, 하나는 남부에 뿌려 다오. 무덤에는 비석도 동상도 세우지 말라. 다만 넓고 튼튼하며 통풍이 잘 되는 집을 하나 지어 방문객들이 쉬어 가게 하는 것이 좋겠다. 방문객들이 추모의 뜻으로 한두 그루씩 나무를 심는다면 세월이 지나 그 나무들이 숲을 이룰 것이다."

하지만 호치민의 뜻은 받아들여지지 않았다. 그의 부고는 하루 동안 지연되었고, 전국적인 독립 기념일 행사의 분위기를 흐리지 않기 위해 9월 3일이 공식적인 서거일로 확정되었다. 그의 시신은 구소련의 도움을 받아 방부 처리되어 거대한 묘에 안치되어 사람들에게 공개되었다. 베트남 전쟁 말기에는 미군의 폭격을 피하기 위해 그의 시신을 동굴에 은닉시켜 놓기도 했다.

1975년 하노이의 바 딘 광장에는 거대한 호치민 기념관이 건립되었다. 회색 대리석으로 전면이 덮인 이 기념관을 본 사람들은 모두 이 건물이 소박하고 허세를 부릴 줄 모르던 호치민의 성품과 어울리지 않는다고 생각했다. 수많은 베트남 사람들이 사랑했던 친근한 '호 아저씨'의 이미지는 사라지고 강력한 혁명 지도자 호치민만 남은 것이다. 그리고 베트남 공산당 지도부는 호치민의 유언에 위배되는 결정에 대한 비난을 피하기 위해 그의 유언에서 시신 처리와 관련된 부분을 삭제해 버렸다.

뿐만 아니라, 호치민의 후계자들은 자신들의 계획에 대한 대중적인 지지를 얻기 위해 호치민을 마음껏 이용했다. 죽은 주석의 초상은 우표·화폐·전국의 건물 벽 등에 나타났고, 그의 생애와 사상, 혁명성에 대한 책들이 쏟아져 나왔다. 베트남 전쟁 기간의 '호치민 루트', 1975년 베트남 통일을 위한 '호치민 작전', 1975년 이름을 바꾼 베트남 최대 도시 사이공의 새 이름 '호치민 시', 베트남 최고 정치 사상 교육 기관 '호치민 정치 학원'과 '호치민 청년 동맹', 그리고 1,700킬로미터에 달하는 남북 관통 국도인 '호치민 국도'에 이르기까지…….

자신의 죽음 이후, 이렇게 만들어진 '호치민 신화'를 미리 알았더라면 호치민은 과연 어떤 반응을 보였을까? 평생 남루한 차림에 거친 음식으로 소박하게 살았고, 심지어 주석궁을 그대로 둔 채, 정원사가 거주하는 검소한 곳에서 생활하던 그였다. 호치민 자신은 신화적인 '혁명 지도자 호치민'보다는 많은 사람들이 친근하게 대할 수 있었던 '호 아저씨'로 남고 싶어 하지 않았을까?

1990년 가을, 호치민 탄생 100주년을 기념해서 바 딘 광장 호치민 기념관 뒤쪽에 호치민 박물관이 새로이 들어섰다.

"10년 안에 수확을 거두고 싶으면 나무를 심어라. 100년 뒤 수확을 거두고 싶다면 사람을 키워라."

호치민 박물관에 걸려 있는 그의 말이다. 호치민은 자신의 일생을 통해 사람을 어떻게 키워야 하는지를 몸소 보여 주었다.

우리는 어느 나라 사람인가

산 하나를 오르면 또 다른 산이 나타나네.

그러나 가장 높은 산에 오르기만 하면,

눈앞에 만 리가 펼쳐지는구나.

호치민 「가는 길」, 『옥중 일기』 중에서

투쟁의 역사, 베트남

지금 베트남으로 불리는 나라는 북부의 통킹, 중부 연안 지대인 안남, 동남부의 코친차이나로 구성된다. 세 지역이 실질적으로 통일된 것은 18세기 말, 지아롱(嘉隆) 황제의 통치권 아래 들어가면서부터이다. 지아롱 황제는 이 지역 전체에 베트남, 즉 고대 명칭으

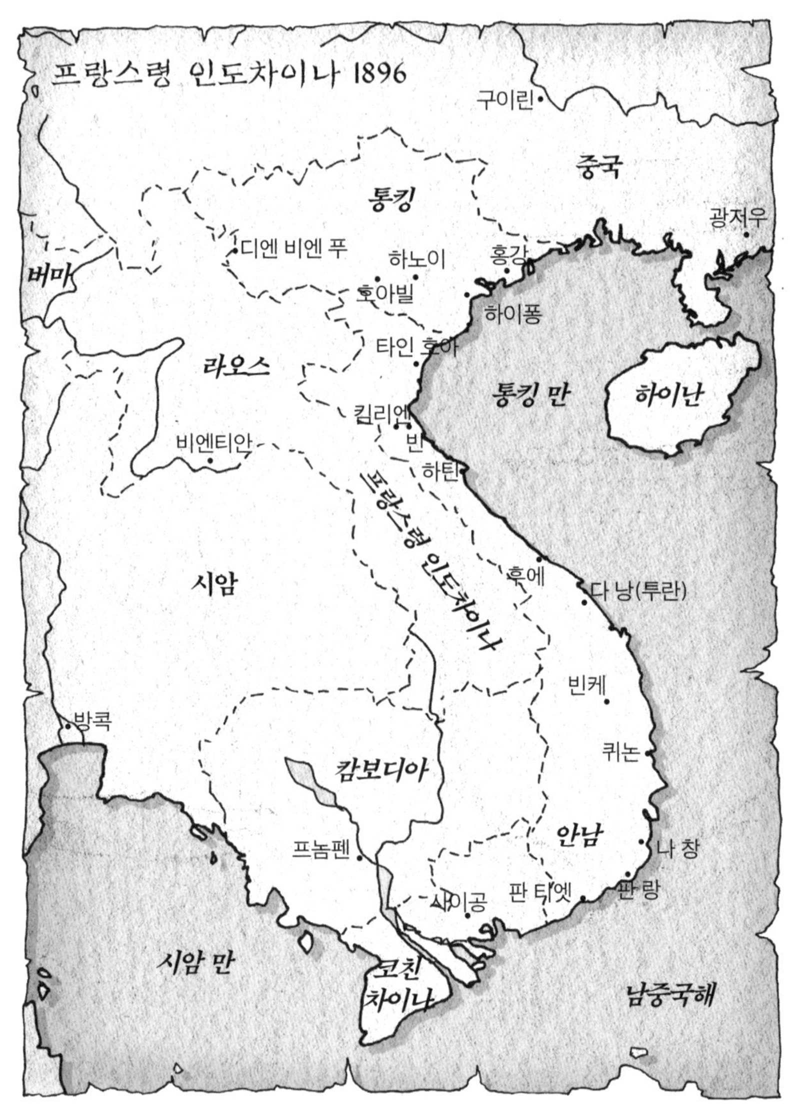

프랑스령 인도차이나 1896
구이린
중국
통킹
디엔 비엔 푸
하노이
홍강
광저우
버마
호아빌
하이퐁
타인 호아
라오스
통킹 만
하이난
킬리엔
비엔티안
반
하틴
프랑스령 인도차이나
시암
후에
다 낭(투란)
빈케
방콕
퀴논
캄보디아
안남
프놈펜
나 창
사이공
판 티엣
판랑
시암 만
코친
차이나
남중국해

로는 '먼 남쪽 나라(越南)'를 뜻하는 이름을 붙였는데 이는 바로 중국의 남쪽을 가리킨다.

베트남의 역사에서 가장 먼저 주목할 점은 외세에 대항해 아주 오랫동안 격렬하게 투쟁해 왔다는 사실이다. 오랜 동안 중국의 지배하에 있었던 베트남은 10세기 무렵 독립을 쟁취하기는 했지만, 중국과의 오랜 관계는 베트남에 깊은 흔적을 남겼다. 베트남의 정치, 제도, 문학, 미술, 음악, 종교와 철학, 심지어 언어에까지 말이다. 이 때문에 베트남에는 전통적으로 유교적인 사상이 깊게 뿌리를 내리고 있었다. 유교 사상에서 나온 관료제, 농경 문화, 그리고 전통적인 보수주의가 그것이다.

1800년대에 들어서면서부터 영국과 프랑스 등 서구 세력이 몰려오기 시작했지만, 베트남은 여전히 문화적 고립주의, 군사적 저항, 그리고 중국의 원조에만 집착하고 있었다. 사회적·정치적·경제적 변화의 도전을 제대로 받아들이지 못한 베트남은 외국의 간섭에 저항력을 잃기 시작했다.

1858년 프랑스 군대가 다낭 항에 상륙했을 때, 지아롱의 후계자인 투 둑(嗣德) 황제는 군대를 집결시켜 프랑스군에 저항했다. 사실 프랑스의 최종 목표는 중국이었다. 그러나 양쯔강 유역을 선점하고 있던 영국을 따돌리기 위해서는 한 가지 방법밖에 없다고 생각했다. 바로 중국 한가운데서 갈라져 나오는 메콩 강과 홍하를 지배해 바로 인도차이나 반도를 식민지로 만드는 것이었다.

하지만 다낭에 대한 공격은 그리 순조롭지 않았다. 게다가 프랑스군 내에 콜레라와 이질까지 번지기 시작했다. 때문에 프랑스는 1861년 다낭을 버리고 베트남 남부의 최대 도시인 사이공을 공격하기 시작했다. 사이공 지역의 베트남 군대는 반격을 시도했지만, 낡은 군대 체제와 무기로는 잘 훈련받은 프랑스 군대의 적수가 되지 못했다. 베트남은 힘을 다해 반격했지만, 1861년 2월 프랑스의 사이공 침공 2주 만에 베트남의 저항은 끝이 났다. 이어 1862년 6월의 조약으로 베트남 남부 지방은 코친차이나라는 이름으로 프랑스의 식민지가 되고 말았다.

이후 1880년대 초까지 아슬아슬한 독립을 유지해 오던 베트남은 1882년 하노이가 함락되면서 빠르게 무너져 갔다. 베트남은 국가의 최대 위기라는 생각으로 중국에 원조를 호소했다. 중국은 베트남의 요청을 받아들여 군대를 보내 프랑스 군대를 상대로 반격을 벌였지만, 중국 군대는 프랑스 군대를 이기지 못했다. 결국 중국은 1885년 군대를 철수하고 프랑스와 조약을 맺어 인도차이나가 프랑스령이 되었음을 공식적으로 인정하고 말았다.

그렇게 베트남을 실질적으로 지배하게 된 프랑스는 베트남의 전통을 없애는 일부터 시작했다. 프랑스는 베트남이라는 명칭의 사용을 중단시키고 지도에는 통킹, 안남, 코친차이나라고 애매하게 분할해 놓았다. 베트남이라는 명칭이 베트남 인들에게 독립심을 불러일으킬지도 모른다는 우려 때문이었을 것이다. 또, 유교의 원리는 프랑스 인이 선호하는 법도로 바뀌어 전통적 교리가 약화되었고, 불교는 기독교 다음의 부차적인 종교로 전락했다. 베트남의 황제는 프랑스의 착취 도구가 되었다. 프랑스의 착취는 공격적이고 무자비했다. 프랑스는 베트남의 전통을 무시하고 전혀 다른 삶의 방식들을 도입하려 했다. 그것은 아마도 프랑스가 기대했던 노예 거래나 상아, 또는 비축해 둔 보물이나 보석 따위를 베트남에서 얻을 수 없고, 다만 보잘것없는 광산에 값싼 노동력을 제공할 수 있는 제한된 수의 주민만이 있었기 때문이었을 것이다.

경제적으로도 프랑스 정부는 엄청난 식민지 예산을 충당하기 위해 소금, 술, 아편을 독점, 전매해서 세금이라는 명목으로 비싼 값에 팔아 농민들을 더욱 가난하게 만들었다. 특히 프랑스 정부가 술에 매기는 과도한 세금은 농민들에게 큰 부담이 되었다. 수백 년 동안 집안의 의식에서 사용해 온 술을 빚지 못하게 하는 바람에 베트남 인들은 프랑스에서 수입해 온 값비싼 포도주를 살 수밖에 없었다.

게다가 프랑스 개인 투자가들은 많은 제조업체, 광산, 고무 농장들을 독점했다. 남부 코친차이나 고무 농장의 노동 조건은 가혹했으며, 그 때문에 노동자들은 병에 걸리거나 죽는 일이 잦았다. 원칙적으로는 자발적인 고용이었지만 강제적인 수단을 동원하는 경우가 많았고, 때로는 노동자들을 무자비하게 때리기도 했다. 베트남 농민들은 높은 소작료를 내면서 농사를 짓거나 터무니없이 비싼 이자를 지불하면서 돈을 빌려 써야만 했다. 그 때문에 농지를 버리고 도시로 떠나는 농민의 수가 갈수록 늘어났다.

또한 프랑스는 프랑스식 학교 교육을 도입하는데, 이는 전통적인 과거 제도의 폐지로 이어지게 된다. 프랑스는 베트남 인에게 자국어뿐 아니라 프랑스어도 배우도록 하고 베트남어 표기를 한자 대신 로마자로 바꾸도록 했다. 꾸옥 응우(國語)라고 불리는 이 표기법은 이후 완전히 자리 잡아 현대 베트남에는 한자가 거의 사라진다. 프랑스 측에서는 어려운 한자보다 꾸옥 응우가 배우기에도 훨씬 쉬워 문맹률을 낮출 거라고 여겼던 것이다.

하지만 그런 프랑스의 생각은 반드시 옳은 것은 아니었다. 베트남의 전통 교육을 전면 금지하고, 프랑스식 학교를 세우면서 학교와 교사가 턱없이 부족해진 것이다. 이전까지는 교사 한 명이 학생들을 모아 놓고 외양간에서 가르치는 정도이기는 했지만, 수만 개에 달하는 마을 학교가 있었다. 하지만 교육 방식이 프랑스식으로 대체되면서 학교는 수백 개로 줄어들었다. 교육의 질은 높아졌을지 모르지만 교육 보급률은 형편없이 떨어져 버린 것이다. 따라서 문맹률은 오히려 급격히 높아질 수밖에 없었다. 게다가 프랑스식 학교에서 열심히 교육을 받았더라도 베트남 인들은 높은 지위에 오를 수는 없었다.

이런 사정으로 베트남 인들의 불만이 높아져 여러 지방에서 봉기가 일어났고, 황제를 지지하는 대프랑스 저항 운동 '칸 부옹(勤王)'이 시작되었다. 하지만 서구의 강력한 힘과 군사력 앞에서는 처음부터 질 수밖에 없는 싸움이었다.

유례없는 국가적 위기와 모욕의 시기가 베트남에 불어 닥쳤다. 특히 과거 전통적인 지식을 소유하고 있던 엘리트 지식인 계급은 사회적 가치를 잃어버리고 문화적 지위를 박탈당했다. 옳다고 믿었던 세계의 질서가 하루아침에 거꾸로 뒤집힌 극심한 혼란 속의 베트남에서 호치민은 태어났다.

유학자의 아들 호치민

반프랑스 저항 운동의 핵심은 베트남 중부의 응에 안 성(乂安省)이었다. 응에 안 성은 평온한 해변과 산줄기, 논과 숲으로 둘러싸여, 뜨겁고 건조한 바람이 부는 곳이다. 또 이 땅은 가을 홍수가 잦아 거센 바람과 빗줄기에 자주 벼가 쓰러지고 논에는 물이 차오르기 일쑤였다. 너무나 아름답고 평온해 보이는 땅이지만 사람들은 종종 시련을 겪어야 했다. 이 땅 사람들의 90퍼센트가 농민이었고 그들 대부분은 선량하게 살아갔지만 그들에게 삶은 늘 투쟁이었다.

어쩌면 그런 이유 때문에 이 지역 사람들은 베트남 인들 중 가장 완강하고 저항적인 기질을 갖게 된 것인지 모른다. 그 중에서도 호치민이 태어난 킴 리엔은 응에 안 성 중심에 있는 촌락으로, 무성한 야자나무 숲에 둘러싸인 곳이다. 이 마을은 대부분 작은 오두막들뿐이었다. 마을마다 자라는 바나나 나무, 밀감 나무, 대나무들은 먹을 것을 제공하는 중요한 수단이 되기는 했지만, 주민의 대부분은 너무나 가난했다. 지역의 인구 밀도가 높은 데다 농사를 지을 수 없는 땅이 많았기 때문이다.

호치민(胡志明)이라는 이름은 그의 많은 가명 중 하나이다. 그는 1890년 5월 19일에 응엔 신 꿍이라는 이름으로 세상에 태어났다. 그의 아버지는 응엔 신 삭으로 유학에 두각을 나타낸 사람이었지만 본처가 아닌 첩의 자식이었기 때문에 다른 유학자들보다 사회적 신분이 낮았다.

신 삭은 부인 로안과 결혼한 후 킴 리엔에 오두막을 짓고(현재 이 오두막은 방문자들을 위해 성지로 재건한 뒤, 일반에 개방하고 있다) 세 아이를 낳았다. 첫째가 아들 키엠, 둘째는 딸 타인, 그리고 베트남의 초대 주석이 될 운명을 지닌 셋째가 응엔 신 꿍, 바로 호치민이다.

어린 응엔 신 꿍은 누나가 집안일을 거드는 동안 들판에서 뛰놀거나 아버지가 동네 아이들을 가르치던 서당 주변을 돌아다니며

놀았다. 꿍은 똑똑하고 호기심이 많았으며, 특히 누구보다 빨리 익히고 한 번 배운 것은 잊지 않았다.

1894년 아버지 응엔 신 삭은 관리가 되는 과거 시험인 등용 시험 (Pho Bang)에 합격했다. 그는 공부를 계속하고 더 높은 시험을 보기 위해 남쪽으로 400킬로미터나 떨어진 도시인 후에로 옮기기로 결정하고 아내와 세 아이를 데리고 길을 떠났다. 당시에는 철도가 없었기 때문에 여행은 힘들 수밖에 없었다.

한 달 정도 걸린 여행은 힘들 뿐만 아니라 위험하기도 했다. 울창한 밀림과 도둑떼가 들끓는 산악 지대를 통과해야 했기 때문이다. 바다로 여행하면 더 빠르고 안전했겠지만, 가난한 시골 유생인 아버지 신 삭은 뱃삯을 엄두도 낼 수 없는 형편이었다. 신 삭 가족은 하루에 기껏해야 30킬로미터 정도밖에 가지 못했고, 그것도 도둑이나 맹수를 피해 다른 여행자들과 모여 다녀야 했다. 하지만 다섯 살 난 신 꿍에게 그 여행은 꼭 힘들지만은 않았다. 여행 내내 아버지에게 신화에 나오는 동물이나 베트남 역사의 영웅 이야기를 들을 수 있었기 때문이다. 이 여행은 후일 신 꿍이 베트남을 떠나 오랫동안 여행 아닌 여행을 하게 되는 첫 발걸음이기도 했다.

후에에 도착한 뒤, 사람들로 북적거리는 거리와 마을을 지나고 높은 산을 오르기도 하면서 어린 신 꿍의 눈과 가슴은 훨씬 넓어졌다. 꿍은 형이나 몇몇 친구들과 여행을 떠나기도 했고, 주변에서 일어나는 일들에 굉장한 관심을 가졌다. 형과 함께 몰래 군대에 숨어들어 군인들이 훈련받는 것을 지켜보기도 했다.

하루는 어떤 기념식이 있어 왕의 행차가 궁을 떠나는 것을 보고 집으로 돌아와서 숨을 채 고르지도 못하고 어머니에게 급하게 물었다. 당시 베트남은 이름뿐이긴 하지만 아직 황제의 통치 하에 있었다.

"어머니, 황제가 다리를 다쳤나요?"

"왜 그렇게 생각했니?"

아들의 다급한 물음에 어머니가 그렇게 반문하자, 신 꿍은 이렇게 대답했다.

"방금 황제가 가마에 탄 채 가마꾼들에게 들려 가는 것을 보았거든요."

어린 신 꿍은 높은 사람이라고 해서 다른 사람들의 머리 위에 앉아 세상을 내려다보는 것이 이해가 되지 않았다. 베트남의 초대 주석이 된 후에도 사람들과 같이 어울려 일하고 검소한 생활을 했던 호치민의 품성은 어렸을 때부터 다져진 것이었다.

어머니의 죽음, 열 살 때의 일이었다

1900년 아버지 신 삭은 후에에서 북쪽으로 거의 500킬로미터나 떨어진 타인 호아(淸化)라는 곳에 관직을 얻어 가족들을 후에에 남겨둔 채 혼자 길을 떠났다. 그것이 부인 로안과의 마지막일 줄은 전혀 짐작도 하지 못한 채였다. 신 삭이 떠나고 나서 얼마 후 어머니 로안은 넷째 아들 응우옌 신 신을 낳았다. 그러나 원래 몸이 약했던 로안은 넷째 아이 출산 후 급격하게 쇠약해져 시름시름 앓다가 의사의 치료에도 불구하고 곧 세상을 떠나고 말았다.

그때, 신 꿍의 나이는 겨우 열 살이었다. 열 살의 나이에 어머니를 잃는다는 것은 어린 그에게는 견디기 힘든 시련이었다. 더군다나 아버지도 멀리 떨어져 있는 상황이었다. 평소 그렇게 밝았던 성격이 몇 주 만에 침울해졌고, 얼굴에는 어두운 그림자가 드리워졌다. 그렇지만 신 꿍은 갓 태어난 신 신을 안고 집집마다 돌아다니며 동냥젖을 얻어 먹었다. 이겨내기 힘든 시련을 겪으면서도 집안일에 바쁜 형과 누나를 대신해 자기가 해야 할 일을 정확히 알고 그대로 행동했던 것이다. 신 꿍은 불행을 겪으면서도 살아갈 길을 찾는, 여리지만 강한 성격의 아이였다. 하지만 신 꿍의 보살핌에도 불구하고 막내 신 신은 태어난 지 1년여 만에 병으로 죽고 말았다.

이후 세 형제들은 외할머니 손에 자라게 된다. 아버지 신 삭은 후에로 돌아가 잠시 일한 뒤 킴 리엔으로 돌아왔다. 이즈음 신 꿍은 응엔 탓 타인(阮必勝)이라는 새로운 이름을 갖게 된다. 성공할 사람이란 뜻의 이름이다. 베트남에서는 태어날 때 이름을 지어 준 뒤, 사춘기 무렵 다시 이름을 바꿔 주는 전통이 있었다. 성장하여 자신이 가명을 지어 쓰기까지 호치민은 응엔 탓 타인으로 불리게 된다.

아버지 신 삭은 다시 과거를 보았고, 예부(禮部)에서 궁정의 관리로 일하게 되었다. 하지만 그는 당시 베트남 관리들이 프랑스 인의 야심을 위한 도구밖에 되지 않는다는 것을 깨달았다. 그래서 아내의 상중이라는 핑계로 모든 관직을 버리고 고향 킴 리엔으로 돌아와 그곳에서 조그만 학교를 열어 고전을 가르치기 시작했다. 자연히 경제적인 수입은 아주 적었다. 게다가 신 삭은 마을의 다른 가난한 사람들에게 베풀길 좋아하는 성격이었기 때문에 집안 형편은 말이 아니었다.

호치민, 즉 응엔 탓 타인은 가난한 집에서 어머니도 없이 집안일을 돌보며 어린 시절을 보냈지만, 늘 절망에 빠진 우울한 얼굴을 하는 대신 공부와 노는 일에 모두 열중하는 모습을 보였다. 마을 사람들은 타인의 가족에게 방이 다섯 개인 오두막을 지어 주었다. 형 키엠과 타인이 지냈던 방의 창문 옆에는 나무 침대가 놓여 있었는데 더운 날에는 방에 해먹을 걸고 그 위에 누워 자곤 했다. 오른쪽으로는 작은 우물이 나 있었고 더 가까운 곳의 정원에는 레몬과 자몽 나무가 우거져 있었다. 여름 저녁, 해먹에 누워 책을 읽거나 뭐든지 생각에 열중하고 있으면 오두막 왼편에 있는 대장간에서 하루 종일 망치 소리가 들려오기도 했다. 타인은 대장장이에게 종종 용광로 사용하는 법을 배우기도 했고, 함께 새 사냥을 하기도 했다. 저녁이면 대장장이는, 그 지역을 침략했던 적들을 조국으로부터 몰아내려고 끊임없는 투쟁을 벌였던 영웅들의 이야기를 타인에게 들려 주기도 했는데 타인은 그 이야기를 들으며 잠들곤 했다. 타인은 이미 그때부터 나라에 대한 강렬한 애국심을 느끼고 있었다. 타인은 그림처럼 아름다운 풍경 속에서 하루하루 꿈을 키워가고 있었던 것이다.

형과 누나, 그들도 저항가였다

호치민의 누나인 탄은 성인이 된 후에도 어려운 가정 형편을 생각해 결혼하지 않고 한동안 집안일을 돌보며 지냈다. 그러나 그녀가 언제까지고 저항 정신을 숨기고 살았던 건 아니다. 그녀는 프랑스에 대항하는 베트남 민족주의자들을 지지했다. 그래서 프랑스 주둔군 소속의 군대가 숙박하는 동안 그들의 무기를 훔쳐 저항 세력인 민족주의자들이 사용하도록 하는 데 가담했다. 그녀는 후에에서도 무기 반출을 시도하여 성공했다. 결국 그녀는 이 죄와 비슷한 여러 가지 죄목들로 몇 번의 감옥 생활을 해야만 했다.

1945년 8월, 베트남이 독립을 선언한 후, 그녀는 신문에서 동생 호치민의 사진을 알아보고 깜짝 놀랐다. 30여 년 전 동생이 베트남을 떠나 외국을 떠돌고 있다는 소식만 들었을 뿐, 신문에서 베트남 독립 선언문을 낭독하고 있는 동생의 모습을 볼 수 있으리라고는 생각지도 못했기 때문이다. 그녀는 오랫동안 망설인 끝에 자신의 막내 동생인 베트남의 초대 주석을 만나기 위해 '오리 두 마리와 달걀 스무 개'를 선물로 가지고 하노이로 호치민을 만나러 갔다. 30년이 지나서야 다시 만나는 동생이었다. 말을 꺼낼 수 없을 만큼 가슴속에서 눈물이 솟구쳤을 테지만 동생은 이미 온 베트남 국민이 의지하는 사람이 되어 있었다. 그녀는 아마 말없이 눈물을 삼키며 동생의 손을 아주 오랫동안 꼭 붙잡고 있었을는지 모른다.

한 베트남 연구가의 말에 따르면, 호치민의 누나인 탄은 뽈로 콘도르(Poulo Condore)라는 섬의 감옥에 투옥되었던 한 젊은이와 약혼했는데 그가 감옥에서 죽자 슬픔을 이기지 못하고 끝내 결혼하지 않고 혼자 살았다고 한다. 하노이에서 동생 호치민을 만난 후, 그녀는 고향으로 돌아가 죽을 때까지 9년간 그곳에서 살았다.

형 키엠은 누나인 타인보다 훨씬 더 대담하게 저항의 길을 걸었다. 그의 첫 저항은 프랑스 인 총독 알베르 사로(Albert Sarraut)에게 권력 남용에 대한 불만을 편지로 써서 보내는 정도였다. 그 일로 키엠은 감옥 생활을 하게 되었으나, 이것은 그의 오랜 감옥 생활의 시작에 불과했다. 이후 그가 행동으로 옮긴 반프랑스 저항 시도는 훨씬 더 파격적이었다.

호치민은 일생 동안 유난히 자신의 정체와 배경을 드러내지 않으려 했다. 베트남 독립 선언 후 형 역시 동생을 만나기 위해 찾아

갔지만, 호치민은 형을 자신이 있는 곳으로 부르지 않고 교외에 있는 친척집에 머물게 했다. 그들은 그곳에서 한 시간 정도 얘기를 나눈 뒤 헤어졌고, 죽을 때까지 다시는 만나지 못했다.

1950년 형 키엠이 죽었을 때도 호치민은 형의 장례식에 참석하지 않았다. 다만 짧은 전보를 보냈을 뿐이었다.

"형이 돌아가셨다는 소식을 접하고 슬픔을 금할 길이 없습니다. 나랏일로 매우 바쁜 데다가 거리가 멀어 형이 아팠을 때도, 돌아가신 지금도 장례식에 참석하지 못합니다. 아! 형의 영전에 기도드리지 못해 죄스러우며 나랏일로 육친의 정마저 돌보지 못하는 이 사람에 대해 친척 친지 여러분에게 용서를 구합니다."

세상에 눈뜨기 시작하고

한편, 아버지 신 삭은 킴 리엔에 머물면서 계속해서 관직 제안을 거절했지만, 1906년 5월의 제안을 받아들이기로 결정한다. 신 삭은 딸에게 킴 리엔의 집을 맡기고 나머지 아이들만 데리고 후에로 다시 돌아왔다. 후에에서 그들은 작은 숙소를 배정받았다. 기와가 덮인 그 건물은 전에는 보병 막사로 쓰던 낡은 건물이었다. 숙소는 너무 비좁아 침대 하나와 탁자 하나만으로도 남는 공간이 없을 지경이었고, 부엌이나 수도가 따로 없어 가족 모두 집에서 멀리 떨어진 동네의 공동 우물을 사용해야 했다. 식사는 주로 어린 타인이 준비했다.

신 삭은 후에로 돌아온 직후, 두 아들을 동 바 중학교에 입학시켰다. 이 학교는 새로운 프랑스식 교육 제도의 일부였다. 타인은 서구식 교육을 받은 적이 없었기 때문에 원칙적으로는 이 학교에 등록할 자격이 없었다. 그러나 고향 킴 리엔에 있을 때 신 삭은 아들에게 프랑스어를 배우게 했고, 타인은 초급반에 입학할 수 있었다. 타인은 여전히 프랑스에 반감을 가지고 있었지만 다른 모든 수업 뿐 아니라 프랑스어 수업에도 열심이었다. 타인은 프랑스어 수업을 할 때마다 가슴속으로 킴 리엔에서 프랑스어를 가르쳐 주었던 선생님의 말을 떠올리곤 했다.

"프랑스 인들을 물리치고 싶다면 먼저 그들을 이해해야만 한다. 프랑스 사람들을 이해하려면 프랑스어를 공부해야만 한다."

타인은 나막신에 갈색 바지와 셔츠 차림으로 머리카락을 길게 기르고 있었다. 이런 모습은 서양식 교복을 입은 세련된 급우들 사이에서 종종 놀림감이 되곤 했다. 그렇지만 타인은 전혀 기죽지 않았고 누구보다 공부를 열심히 해서 2년 과정을 1년 만에 끝냈다. 곧이어 1907년 가을 타인과 형 키엠은 후에 지방의 프랑스식 국립 학교인 꾸옥 혹(國學)의 입학 시험에 나란히 합격했다. 이 학교는 현재도 운영 중인데 그 지역 최고 수준의 학교로, '천국의 학교'라 불렸다. 이 학교를 졸업하면 높은 관리가 될 수 있었기 때문이다.

타인은 여기서도 열심히 공부했다. 그는 반에서 질문을 잘 하는 것으로 유명했으며, 특히 외국어에 아주 능숙했다. 하지만 지나치게 솔직한 태도와 촌스러운 행동은 세련된 급우들 사이에서 문제를 일으켰고, 급우들은 심한 사투리 때문에 타인을 호박이라고 놀렸다. 참다못한 타인은 급기야 한 학생을 때려 교사에게 혼쭐이 나기도 했다. 거기다 학교 운동장에 모인 학생들 앞에서 지역 농민에게 부과된 과중한 세금을 경감시켜야 한다고 역설했다가 교장실로 불려가 심한 질책을 받기도 했다. 그의 정치적 성향은 이때부터 서서히 드러나기 시작한 것이다.

이때가 1907년이었는데 당시 베트남은 정치적인 긴장이 점점 고조되고 있는 상황이었다. 프랑스에 의해 1889년 제위에 오른 황제 타인 타이는 반역 행위 가담을 의심받아 폐위되고 그의 여덟 살 난 후계자가 황제 자리에 있었다. 그러나 다수의 베트남 인들은 이미 황실에서 애국적인 행동을 하리라는 기대를 접었다. 그 때문에 저항 운동은 밑에서부터 서서히 일어났는데 그 중 하나가 봉건적인 과거를 부정하는 상징으로서의 단발이었다. 원래 베트남 사람들은 상투를 트는 전통이 있었는데 단발은 무지와 어리석음, 그리고 동시에 프랑스에 대한 저항의 행동이었다.

뿐만 아니라 1908년에 들어서면서 높은 세금과 강제 노역에 항의하는 농민 봉기가 일어났다. 시위가 점차 과격해져 시위대가 관청이나 지역 관리의 집을 점거하자, 당국은 군대를 동원해 시위대를 강제 진압하기 시작했다. 그 결과 많은 사람들이 죽거나 체포되었다.

이러한 농민 봉기는 타인이 사는 후에서도 일어났다. 농민들은 높은 세금에 반대하는 시위를 벌였다. 지역 관리가 군대를 몰고 오자 군중들은 관리를 붙잡아 대나무 우리에 가두고 프랑스 인 고등 관리의 사무실 앞에 모여 세금 감면과 강제 노역 축소를 요구하기에 이르렀다. 시위를 지켜보던 타인은 자청하여 친구 둘과 함께 시위 중인 농민들의 항의 내용을 프랑스 당국에 통역해 주었다. 농민들과 타인은 곤봉에 두들겨 맞으면서도 시위를 그만두지 않았고 끝까지 해산을 거부했다. 결국 프랑스 군대가 개입해 시위대를 향해 발포하는 불상사가 벌어졌고 수많은 사상자가 발생했다.

그날 밤 타인은 친구 집에 숨어 있었다. 프랑스 당국의 체포를 피하기 위해서였다. 하지만 결국 그 일로 타인은 국학에서 퇴학당하고 말았다. 뿐만 아니라 아버지 신 삭도 그 일에 연루되어 지방으로 좌천되었고, 형과 누나도 당국의 감시를 받게 되었다.

타인은 퇴학을 당한 뒤에도 킴 리엔의 고향 집으로 돌아갈 수는 없었다. 그의 이름이 경찰의 블랙리스트에 올라 있었으니 당연한 일이었다. 그는 이후 몇 달 동안이나 이곳저곳을 떠돌며 막일을 하면서 지냈다. 그러다 베트남 남부 지방의 안남과 코친차이나 경계 바로 북쪽의 판 티엣이라는 곳에 있는 둑 타인이라는 학교에서 교사 생활을 하기 시작했다. 타인은 여전히 제국 보안 부대에 쫓기는 몸이었지만 둑 타인 학교에서 한문과 꾸옥 응우를 가르치며 생활했다. 그는 학생들에게 인기 있는 교사였다. 학생들을 존중했으며 다른 교사들에게도 학생들을 때리거나 윽박지르지 않도록 충고했다. 타인은 학생들 스스로 생각하고 그 생각을 잘 표현하게 만들 줄 아는 선생님이었다.

그러다 타인은 1911년 10월의 어느 월요일 아침, 학기가 채 끝나기도 전에 갑자기 사라졌다. 그리고 얼마 후 타인은 남부의 항구 도시 사이공에 도착했다. 도착 후, 타인은 양철 지붕에 쥐가 우글거리는 낡은 곡물 창고를 숙소로 정하고 그곳에 잠시 머물렀다. 이때 타인은 사이공에서 아버지를 잠깐 만났던 것 같다.

아버지 신 삭은 1910년 초에 후에로 다시 돌아와 잠깐 관리로 일했다. 그는 시위에 참가했다가 체포된 농민들을 석방하는 반면, 부유하고 권력 있는 자들은 엄한 처벌을 내리는 등 지역 주민들에게는 신뢰를 받고 있었지만 당국의 입장에서 보자면 눈엣가시 같은 존재였다. 그가 지역 유지 한 사람에게 매 100대의 처벌을 내린 적이 있었는데, 벌을 받은 사람이 며칠 후 죽어 버리는 사건이 발생했다. 삭은 면직되었고, 곧바로 후에를 떠나 사이공행을 택했다. 그는 사이공에서 한문 강습과 약초 파는 일로 생계를 꾸려가고 있었는데 거기서 아들 타인을 만나게 된 것이다.

타인은 사이공에서 아버지를 잠깐 만난 뒤, 베트남을 떠날 결심을 하게 된다. 그가 조국을 떠날 작정을 하게 된 이유는 무엇일까? 훗날 그가 쓴 자서전에서 그 연유를 엿볼 수 있을 것 같다. 자서전에는 타인이 친구와 사이공의 한 거리를 거닐며 나누는 대화가 고스란히 실려 있다.

"이봐, 너는 조국을 사랑하니?"

"그럼, 물론이지!"

"그럼…… 비밀을 지켜줄 수 있어?"

"응. 뭔데?"

"나는 해외로 가려고 해. 프랑스와 다른 나라들을 보러. 그들이 해 놓은 것들을 보고 와서 우리 동포를 도울 거야. 하지만 나 혼자 가면 위험할 것 같아……. 너도 함께 갈래?"

"뱃삯은 어떻게 마련하려고?"

"돈은 여기 있어. 그리고 일을 하면 돼. 먹고 여행하기 위해서 무슨 일이든 할 거야 ……."

실제로 타인은 사이공에서 한 친구와 신문을 파는 등의 일을 한동안 했다. 그리고 몇 달 뒤 타인은 아미랄 라투셰-트레빌 호의 주방 보조로 취직했다. 이때 그는 바(Ba)라는 이름을 사용하고 있었

다. 경찰이 이미 그의 이름을 리스트에 올렸기 때문이다. 배 위에서 그는 접시와 팬을 닦고 주방 바닥을 청소하고 채소를 다듬고 삽으로 석탄을 퍼 넣는 등의 일을 했다. 배는 사이공을 떠나 프랑스의 마르세유로 향하고 있었다. 하지만 타인 자신으로서도 베트남을 떠나면서 이후 30년 동안이나 베트남 땅을 다시 밟지 못하게 되리라고는 생각지 못했다. 비록 그의 누나에게 보낸 편지에서는 5, 6년 후에 돌아올 거라고 말했지만 말이다.

"……공부를 계속하기 위해 사이공을 떠납니다. 5, 6년 후에 돌아올 거예요……."

서구로 간 베트남 풋내기

겨울의 추위와 비탄과 죽음이 없다면

어느 누가 감미로운 찬란함을 지닌 봄을 볼 수 있으랴.

운명은 내 정신과 심장을 굳건히 하기 위해

나를 불행의 구덩이에 다시 넣은 것이다.

호치민 「내 자신을 격려함」, 『옥중일기』 중에서

주방 보조, 노동자, 그리고 하인으로……

20세기의 중요한 정치적 인물 가운데 호치민만큼 개인적인 삶이 드러나 있지 않은 사람은 거의 없다. 그의 개인적인 전 생애에 대한 기록은 거의 백지 상태라고 할 수 있다. 그는 일생을 통해 많은 글을 쓰긴 했지만 신문에 올린 글이거나 논쟁을 위한 글이었을 뿐, 일기나 편지 등의 글은 거의 남아 있지 않다. 그렇기 때문에 그가 사이공을 떠나 선원으로서 지냈던 시절의 일들 또한 자세한 것은 알 수 없는 노릇이다. 다만 배에 오른 뒤 처음 2년 동안은 거의 바다 위에서 보낸 것으로 짐작된다.

호치민, 즉 타인이 아미랄 라투셰-트레빌 호를 타고 사이공을 떠나 프랑스의 마르세유까지 가는 데는 몇 주가 걸렸다. 이 시기에 대한 거의 유일한 자료라고 할 수 있는, 훗날 그가 쓴 자전적인 글을 보면 바다의 거친 기후 때문에 많은 고생을 했던 것으로 생각된다. 그는 폭풍이 몰아치는 파도가 '산더미 같았다'라고 말했는데, 실제로 높은 파도 때문에 몇 번인가 배 밖으로 쓸려 나갈 뻔하기도 했던 것 같다.

"바다에서 보내는 나날들은 길고 지루했다. 주방장 보조로 매일 똑같은 일을 반복했다. 아침 4시부터 넓은 주방을 청소하고 화물창에 있는 보일러에 불을 피우고 석탄을 들여오고 채소, 고기, 생선, 얼음 등을 화물창에서 가져온다. 주방은 몹시 덥고 화물창은 몹시 추웠기 때문에 일은 무척 힘들었다. 바다가 거칠어져 배가 흔들릴 때 특히 힘이 들었다……."

타인은 프랑스 남부의 한 휴양도시에서 정원사로 일하기도 했지만, 곧 다시 아프리카로 출항하는 배에 올랐다. 이후 몇 달 동안 알

제리, 튀니지, 모로코, 인도, 사우디아라비아, 세네갈, 수단, 마다가
스카르 등 아프리카와 아시아의 여러 나라를 돌아다녔다. 타인은
모든 것을 관찰했다. 배가 항구에 정박할 때마다 그는 도시의 모든
것을 보려고 최선을 다했다. 배에 다시 오를 때면 그의 가방은 언제
나 그 도시에서 수집한 사진과 성냥으로 가득했다.

미국 뉴욕에서는 몇 달 동안을 머무르면서 노동자로, 또 부유한
집안의 하인으로 일하기도 했다. 또 타인은 보스턴에도 머물렀는
데, 여기서 그는 파커하우스라는 호텔에서 가루 반죽 음식 요리사
로 일하기도 했다.

타인은 배를 타고 거의 전 세계를 떠돌아다닌 것이다. 그렇게 세
계를 여행하면서 그는 일의 귀천을 가리지 않고 어떤 험한 일이든
지 자신이 직접 일하면서 가난한 사람들, 핍박받고 착취당하는 수
많은 사람들의 삶을 직접 눈으로 목격했다. 바로 이 당시의 경험이
식민지 체제 아래서 굶주리고 고통받는 베트남 사람들에 대한 애
정으로 이어졌던 것이다.

타인은 1913년에 미국을 떠난 것으로 추정된다. 미국을 떠난 타
인은 영국으로 건너갔다. 영국에서 그가 얻은 첫 일자리는 학교에
서 눈을 치우는 청소부였다. 얼어붙은 눈을 치우는 일은 쉽지 않았
다. 8시간 정도 일하고 나면 몸은 완전히 녹초가 되었고 배가 너무
고파 속이 쓰렸다. 그는 곧 그 일을 그만두고 보일러 관리하는 일을

하게 되었지만 그 일은 더 힘이 들었다. 새벽 5시에 지하실로 가서 불을 피워야 했고 하루 종일 보일러 안에 석탄 집어넣는 일을 했다. 끔찍한 일이었다. 지하실은 몹시 더웠고, 바깥은 말할 수 없이 추웠다. 타인은 보일러공으로 일하는 내내 심한 감기에 시달려야 했다.

그러다 타인은 런던의 칼턴 호텔 주방에서 일할 수 있게 되었다. 그는 설거지도 하고 주방 청소도 했지만, 주로 요리사 보조로서 일했다. 열심히 일했고, 또 무엇보다 영어를 배우는 데 특히 마음을 쏟았다. 또한 그는 손님들이 남긴 음식을 버리지 않고 따로 보관하곤 했는데 이것을 눈치 챈 요리사가 그에게 물었다.

"왜 자네는 남들처럼 남은 음식을 쓰레기통에 버리지 않는 거지?"

그러자 타인은 당당한 태도와 굽힘 없는 말투로 대답했다.

"이것들은 버리면 안 됩니다. 가난한 사람들에게 주면 되니까요."

타인은 언제나 가난하고 굶주린 사람들 편에 서 있었다. 왜냐하면 그 자신이 바로 가난하고 힘없는 사람이었기 때문이다.

런던을 떠나 몽마르트로

1917년경 타인은 런던을 떠나 다시 프랑스로 귀환했다. 당시는 제1차 세계대전 중이었다. 영국에 있을 당시 타인은 영어 공부뿐 아니라 해외 노동자 연합에 관여함으로써 사실상 그의 정치 행보를 시작한 상태였다. 프랑스에 도착하자마자 타인은 프랑스에 거주하는 베트남 인들과 접촉하기 시작했는데 대부분이 애국주의자들이었고, 그들을 통해 타인은 프랑스 좌익 세력에 가담하게 되었다.

그의 나이도 어느덧 서른 살이 다 되었다. 세상 경험이라곤 교육, 요리, 그리고 몇 가지 천한 일자리에서 일했던 것이 전부였던 데다 노동 허가증이 없었기 때문에 그는 프랑스에서 베트남 요리를 팔고 간판을 만들고 한문을 가르치고 초를 만드는 등 닥치는 대로 여러 가지 일을 해야만 했다. 어떤 때는 점심과 저녁을 빵 한 조각으로 때우기도 했다. 그러다 한 사진관에서 사진 수정하는 일을 하게 되었다. 하지만 그 와중에도 그는 국립도서관이나 소르본 도서관에서 미친 듯이 책을 읽고 공부를 했다. 이 당시에 그는 특히 마르크스에 심취했다.

1919년 타인은 또 한 번 이름을 바꾼다. 응엔 아이 꾸옥(阮愛國). 애국자란 뜻의 이름이다. 그해 여름, 응엔 아이 꾸옥은 프랑스에 사는 베트남 인들을 위한 '안남 애국자 연합'을 결성하고 「안남 민족의 요구」라는 제목의 글을 발표하는데 이 문건의 서명자 이름이 바로 응엔 아이 꾸옥이었다. 이후 호치민은 꾸옥이라는 이름으로 오랫동안 정치 생활을 하게 된다.

「안남 민족의 요구」는 겉으로 보기에는 온건한 태도를 취하고 있었지만, 베트남 인의 결사·종교·언론의 자유를 요구하고, 강제 노동의 폐지와 소금·아편·주류의 세금 철폐를 요구하는 등 사실상 탈식민화의 기초를 닦는 작업이었다. 따라서 프랑스 당국은 상당히 당황했고 이 글은 프랑스 당국이 호치민, 즉 응엔 아이 꾸옥을 주시하게 되는 계기가 되었다. 프랑스 비밀경찰들이 그의 사진을 몰래 찍고 그의 뒷조사를 하기 시작한 것이다. 그의 사진을 찍었던 전 인도차이나 식민지 총독 알베르 사로는 이렇게 얘기했다.

'사진 속의 꾸옥은 채플린의 가장 가련한 모습처럼, 작은 모자를 머리에 가볍게 쓰고 가냘프고 자신 없는 모습이 약간은 불안정하고 초라해 보였다.'

그리고 프랑스 비밀 경찰청장 루이 아르누는 이렇게 덧붙였다.

'마르고 이마가 아주 넓은 젊은이가 가장 폭력적인 제국주의 규탄 전단을 나눠주면서 분주히 움직이고 있었다.'

이때부터 꾸옥의 정치 활동은 본격적으로 시작되었다. 그는 국제 식민지 동맹의 혁명적 기관지인 『르 파리야』의 발행인으로서도 명성을 날리게 되는데, '천민'을 뜻하는 『르 파리야』는 훗날 좌익 선전물의 역사에서 중요한 위치를 갖게 된다. 꾸옥은 이 신문의 편집인으로, 또 제일 중요한 기고자로 일했으며, 때로는 삽화도 그리고, 포장도 하고, 구독자에게 배달하는 일도 마다하지 않았다. 하지만 이 신문은 만든 사람은 물론 읽는 사람도 즉시 체포될 수도 있는 것이었다. 이 신문의 알려진 구독자들은 모두 경찰의 블랙리스트에 올랐다.

그 밖에도 꾸옥은 각종 신문과 발행물들에 글을 실으면서 전문적인 저널리스트로 활동했으며「프랑스의 식민주의에 대한 비판」이라는 거의 100페이지에 달하는 논문을 발표하기도 했다. 이러한 활동으로 꾸옥은 프랑스 내에서 어느 정도 명성을 얻게 되었다. 그러고 나서 꾸옥은 프랑스의 좌익 세력인 사회당에 입당했다. 자본주의와 제국주의를 혐오한 꾸옥이 사회주의에 끌린 것은 당연한 결과일 것이다. 그가 겪은 자본주의란 자신의 조국을 식민지로 착취하는 모습이었고, 자본주의 체제는 동포 대부분의 삶을 잔인하게 짓밟았기 때문이다.

거기다 베트남은 전통적으로 유교 문화가 뿌리 깊이 스며들어 있는 사회였다. 꾸옥 역시 유교적 사고방식을 갖고 있었다. 그런데 유교적인 정신으로 볼 때 서구의 산업주의는 탐욕과 꼴사나운 자기 확장의 욕망으로 비쳤다. 반면 사회주의는 공동의 노력, 소박한 생활, 부와 기회의 평등을 강조하고 있었으니, 이것은 유교적 전통의 바탕과 그 맥을 같이 하는 것이다. 그런 조건에서 공자에서 마르크스로의 전환은 물질주의나 개인주의를 강조하는 서구의 자본주의로의 전환보다 훨씬 더 자연스러운 일이었다.

꾸옥은 프랑스 사회당, 노동 총연맹, 인권 연맹 등의 모임에 정기적으로 나가고 좌익 세력의 신문이나 잡지에 많은 글을 싣기도 하면서 점차 정치 활동 영역을 넓혀갔다. 그러다 1920년 꾸옥은 투르에서 열린 사회주의 전당 대회에 참가하면서 자신의 입지를 확실하게 굳히게 된다. 이 대회의 커다란 쟁점은 레닌이 제창한 '제3인터내셔널', 즉 코민테른(1919년 소련에 수립된 혁명 조직. 코민테른은 모스크바에 본부를 두고 1943년에 해체될 때까지 전 세계 사회주의 회원 당들의 혁명 활동을 지휘했다)의 제휴 여부를 결정하는 것이었다.

여기에서 꾸옥은 턱수염을 기른 수백 명의 유럽인들 가운데 유일한 아시아인으로서 처음부터 두드러지는 존재였다. 꾸옥은 메모 없이 그 자리에서 프랑스어로 연설을 했다. 발언을 시작하기 전에 꾸옥은 우선 '절대적인 침묵을 요구합니다'라고 말해 쟁쟁한 사회주의 지도자들이 무명의 베트남 풋내기를 단번에 주목하도록 만들기도 했다. 이어 그는 코민테른을 지지했고, 동시에 프랑스 식민지 정책을 강하게 비판했다. 그는 말했다.

"저항을 하는 사람들은 모두 체포되어 감옥이 학교보다 많음에도 불구하고 늘 수감자들로 발 디딜 틈이 없습니다. 베트남 인들에게는 언론이나 여행의 자유도 없습니다. 그들은 별수없이 아편을 피우고 술을 마시는데, 거기에는 지독한 세금이 따라붙습니다."

그리고 그 자리에서 꾸옥은 사회주의가 좀 더 식민지 민족들의 해방에 관심을 가져야 한다고 큰 소리로 외쳤다.

응엔 아이 꾸옥이 점점 급진적인 성향을 보이자 그에 대한 프랑

스 당국의 감시도 더욱 철저해졌다. 꾸옥은 여러 번 숙소를 옮기고 일자리를 바꾸면서 힘겨운 생활을 이어 나갔다. 침대 하나, 작은 탁자 하나, 옷장이 들어가고 나면 남는 공간이 없는 초라한 아파트에서 생활했는데 꾸옥이 방에서 하늘을 보려면 머리를 밖으로 쑥 내밀어야 했다. 전기도 들어오지 않아 등잔을 써야 했고, 수도도 없었기 때문에 대야에 물을 받아다 세수를 하고 옷도 밖에서 빨아야 했다. 추울 때는 집 주인의 화덕에서 데운 벽돌을 신문지에 싸 와서 몸을 녹였다.

그렇지만 고단한 생활과 끊임없는 감시에도 그의 열정은 식지 않았다. 꾸옥은 프랑스에 살고 있는 식민지 민족을 대리하는 조직인 '국제 식민지 연맹(Union Intercoloniale)'을 결성했다. 이 '국제 식민지 연맹'은 『르 파리야』와 더불어 베트남을 주축으로 한 아프리카와 아시아의 특수한 민족주의적 공산주의가 태동하는 요람이 된다.

모스크바, 혁명의 땅으로 가다

호치민의 평생을 두고 따라다닌 질문이 하나 있다. 그는 민족주의자인가? 아니면 공산주의자인가? 호치민은 자신을 그저 '혁명가'라고 불렀다. 이 물음에 대한 답은 간단하다. 호치민은 민족주의자이기도 하고 공산주의자이기도 하다.

　그는 일생을 살면서 근면, 검소, 정의, 성실이라는 네 가지 덕목을 중요하게 생각했다. 이런 덕목들은 규율, 복종, 불가변성을 중요시하는 마르크스주의에서는 현실적인 의미를 갖지 못한다. 호치민은 체질적으로 완전한 공산주의 신봉자가 될 수는 없었던 것이다.

　그런데 어떻게 해서 호치민은 사회주의를 택하게 된 것일까? 그는 동포들이 경제적으로 고통받고, 프랑스의 '가진 자'와 비교해서 '갖지 못한 자'에 속한다는 사실을 알게 되었다. 그리고 프랑스의 절대주의에 대항하기 위해서는 자신들의 힘만으로는 부족하다는 사실 또한 깨달았다. 외부 세력의 도움이 절대적으로 필요했던 것이다. 호치민은 프랑스의 사회주의자들과 교류하면서 그들의 이해와 관심을 받게 되고, 프랑스에 저항할 수 있는 방법들을 배워 나갔던 것이다. 이후 호치민은 마르크스를 읽으며 사회주의에 더욱 심취하게 된다. 베트남의 탈식민지화 민족 해방을 위한 수단으로서 말이다.

　호치민, 즉 응엔 아이 꾸옥은 몇 년 만에 무명의 풋내기 젊은이에서 프랑스 급진 운동을 이끄는 지도적 인물이 되었고, 동시에 베트남 교포 사회에서는 가장 유명한 프랑스 공산당 당원이 되었다. 경찰은 그의 일거수일투족을 놓치지 않고 감시하려고 애썼다.

　그리고 1923년 6월 꾸옥은 시가를 입에 물고 부유한 중국 상인의 차림으로 변장한 뒤 모스크바로 향했다. 붉은 농민 인터내셔널 설립을 위한 회의에 식민지 대표로 참석하러 떠난 길이었다. 꾸옥은 손에 첸 방이라는 가명이 쓰인 비자를 들고 있었다.

사이공을 떠난 지 10여 년이 넘게 흐른 이때, 그는 청년에서 성인으로 변모해 있었으며, 이제 투사 응엔 아이 꾸옥이 되었다. 전 세계적으로 보자면 그는 아직 주변적인 인물에 불과했지만, 베트남 사회에서는 생소하던 공산주의를 정착시키고, 베트남 인들이 외세에 대항해 불굴의 의지를 갖고 싸워 나갈 수 있도록 이끈 뛰어난 지도자가 서서히 탄생하고 있었다.

젊은 혁명가로 거듭나다

젊은 혁명가, 투쟁의 장으로 나서다

하룻밤 새고 또 하루······ 사흘 밤을 꼬박 새운다······

잠들 길 없어라······ 고통스럽게 뒤척인다······

나흘, 닷새 밤······ 이것은 꿈인가 현실인가?

별빛만이 머릿속을 맴도는구나.

호치민 「잠들 길 없어라!」, 『옥중일기』 중에서

모스크바에서의 수련기

응엔 아이 꾸옥은 소련 페트로그라드에 도착하자마자 이민국 직원의 의심을 사 몇 주 동안이나 구금 생활을 해야 했다. 그러다 모스크바 주재 프랑스 공산당 대표의 신원 보증으로 겨우 풀려났다.

1923년 늦여름, 꾸옥이 도착했을 때 소련은 거의 7년간에 걸친 전쟁, 혁명, 격렬한 내전에서 아직 완전히 회복되지 않은 상태였다. 당시 소련에서는 레닌이 1917년 10월 볼셰비키 혁명을 일으켜 전제 정부를 무너뜨리고 최초로 소비에트 사회주의 국가를 수립했다. 그 이후부터 소련은 계속되는 내전에 시달리고 있었다.

꾸옥은 모스크바의 아시아 노동자 대학에서 공부했다. 이 대학은 스탈린 지휘하에 소련으로 초청받아 공부하러 온 아시아 혁명가들을 훈련시키는 주요 기관이 되었다. 그는 여기서 군사 훈련을 받았을 뿐 아니라 공산주의 간행물 만드는 법, 지하 활동을 조직하는 법, 혁명가들을 지도하는 원칙 등을 철저하게 배웠다. 꾸옥은 여기서 또 다른 가명을 사용했으며, 학생들의 정체는 학교의 보안 요원들만 아는 극비 사항이었다.

꾸옥은 1924년 초여름에 열린 코민테른 5차 대회에서의 발언 등으로 곧 모스크바에서도 유명 인사가 되었다. 그는 이 자리에서 역시 식민지 문제를 주로 거론했다. 그는 그 자리에 모인 대표들에게 말했다.

"나는 인터내셔널에 식민지의 존재를 계속 상기시키고, 혁명이 식민지에서 위험에 직면한 동시에 환한 미래를 약속받고 있음을 지적하기 위해 이 자리에 섰습니다. …… 나는 기회가 있을 때마다, 또 기회를 만들어서 여러 동지들에게 식민지 문제의 중요성을 강조할 것입니다. …… 자본주의는 식민지를 통해 자신을 부양하고, 자신을 방어하고, 여러분과 싸우는데, 여러 동지들은 왜 식민지를 무시합니까?"

결국 꾸옥의 활약으로 식민지 문제에 대한 코민테른의 인식은 한 단계 발전하게 되었고, 꾸옥은 세계 공산주의 운동에서 국제적인 지위를 얻은 아시아 지도자로 다시 태어났다. 그리고 꾸옥은 1년쯤 머문 소련을 떠나 이번엔 중국으로 향했다. 1924년 11월의 일이었다.

암흑 속의 베트남, 꾸옥은 중국으로

응엔 아이 꾸옥이 베트남을 떠난 뒤 13년 동안 베트남의 독립을 위한 저항은 힘을 잃어 가고 있었다. 사회적으로도 전통적인 문신 계급이 쇠퇴하고 동시에 좀 더 서구화된 베트남 중간계급이 새롭게 등장했다. 이들은 회사를 차려 대도시 부자들의 필요와 욕구를 충족시키거나 유럽인 회사에서 일하거나 전문 직업인이 된 사람들이었으며, 서구 문물에 개방적이었다. 많은 사람들이 서구식 옷을 입고, 프랑스산 포도주를 마시며 프랑스어로 대화했다.

대다수 베트남 인들은 4년 이하의 교육만 받았는데, 1920년대 중반에는 전국에서 불과 5천여 명만이 중등학교 수준의 교육을 받을 수 있었다. 인도차이나에서 문명화를 수행하고 있다는 프랑스의 말은 거짓이었다. 베트남 인들의 문자 해독률은 인구의 5퍼센트에 지나지 않았다. 뿐만 아니라 주민 대다수는 늘어난 세금과 아편, 주류, 소금의 정부 독점으로 고통받고 있었다. 농민들의 소작료는 수확물의 50퍼센트를 넘어서고 있었다. 이에 대해 어떤 사람은 베트남에서 폭동이 일어나지 않는 것이 신기한 일이라고 말할 정도였다. 한마디로 베트남은 암흑 속에 내동댕이쳐진 꼴이었다.

1924년 11월, 중국 광저우에 도착한 응엔 아이 꾸옥은 이런 베트남의 사정을 누구보다 잘 알고 있었다. 그는 리 투이라는 가명으로 중국인 행세를 하기도 하고, 왕 산이라는 이름으로 중국인 기자 행세를 하면서 감시를 피해 활동했다. 꾸옥은 이어 브웅(王)이라는 가명을 사용하며(실제로 호치민이 사용한 가명은 수십 개에 이른다), 광저우에서 베트남 인들을 모아 '베트남 혁명 청년 동지회'를 결성하기에 이르렀다. 그는 청년 동지회의 기관지 『청년』을 등사로 발행하기도 했고(이 신문은 은밀한 경로를 통해 베트남 내에 반입되어 많은 베트남 인들이 읽을 수 있었다), 또 혁명가 양성 학교를 설립해 사회주의 이론과 방법에 관한 강의를 하기도 했다. 당시에는 베트남어로 된 자료가 거의 없었기 때문에 꾸옥은 학교 강의에 필요한 교재를 직접 쓰기도 했다.

꾸옥은 이 학교의 교실 뒤편에 침대를 들여놓고 거기서 생활했다.

학교 건물의 3층은 학생들 기숙사였는데 경찰이 습격할 경우를 대비해 비밀 문을 만드는 것도 잊지 않았다. 베트남에서는 약 300명에 달하는 젊은이들이 사이공을 출발해 중국까지 꾸옥을 찾아와 강의를 들은 후 다시 베트남으로 돌아가기도 했다. 1년이 지난 뒤에는 베트남 내 '베트남 혁명 청년 동지회' 회원의 숫자가 1,700명 이상으로 불어났으며, 1929년 무렵에는 그 수가 수천을 헤아리게 되었다. 청년회는 1928~1929년에 '프롤레타리아 운동'의 기치를 내걸고 노동자들의 맹렬한 활동을 이끌어낸 유일한 조직이었다. 프롤레타리아 운동의 깃발 아래 모인 청년 지식인들은 공장에 취업하여 세포를 심고 붉은 노조를 창립했으며, 최초로 농민 연합이 결성된 코친차이나의 마을로 들어가 활동의 기반을 다져 나갔다.

이 학교 학생들이 말하는 꾸옥은 마른 몸에 넓은 이마와 맑은 눈, 부드럽고 따뜻한 목소리를 가졌으며, 쾌활하지만 좀처럼 웃지는 않는 사람이었다. 꾸옥은 학생들에게 늘 이렇게 말했다.

"프랑스 사람들이 무엇 때문에 우리를 억압할 수 있었을까? 왜 우리 민족은 이렇게 어리석은가? 우리는 이제 무엇을 해야 하는가? 우리 용의 아들들은(용의 아들은 베트남 민족을 말한다) 아직 정당도 선전도 조직도 없습니다. 하지만 이제 일어나야 할 때입니다."

그리고 학생들이 베트남 관리들의 사소한 부패나 농촌 사람들의 일반적 무지와 무기력에 실망한 것처럼 보이면 이렇게 말하곤 했다.

"혁명이 필요한 이유는 바로 이런 사회적 장애와 박탈입니다. 혁명가는 무엇보다도 낙관적이어야 하며, 결국 승리할 것임을 믿어야 합니다."

꾸옥이 세운 '베트남 혁명 청년 동지회'는 베트남에서 사회주의 운동을 전개하기 위한 첫발이었다. 베트남 혁명 정치사의 첫 장이 열린 것이다. 작고 조심스러운 출발이었지만, 누군가는 꼭 해야 할 일이었다. 꾸옥은 그 사실을 누구보다 잘 알고 있었다.

꾸옥은 언제나 그랬듯이 여기서도 민족 해방을 강조했다. 그를 비롯한 『청년』지의 편집자들은 이렇게 역설했다.

"나라를 잃는 것은 모든 불행 가운데 가장 큰 불행이다. 현재의 정세는 베트남 민족에게 계급 혁명(사회주의에서 가장 강조하는 것이 바로 부르주아를 타파하는 계급 혁명이었다)이 아니라 민족 혁명을 수행할 것을 요구한다. 그렇기 때문에 부유한 자, 가난한 자, 관료, 평민 모두의 의무는 조국의 해방을 보장하기 위해 단결하는 것이다. 민족 혁명을 승리로 이끌자. 그러기 위해서는 여러 분파로 쪼개져 힘을 분열시키지 말고, 단일한 전선을 구축하여 가장 강력한 혁명 정당을 조직해 하나의 깃발 아래 모든 혁명적 힘을 모아야 한다."

여기서도 볼 수 있듯 꾸옥은 사회주의자라기보다는 민족주의자라고 말해야 옳지 않을까? 그에게 사회주의는 목표가 아니라 조국의 독립이라는 목표를 이루기 위한 수단이었다.

1927년 봄, 꾸옥이 광저우에 머문 지 2년이 지났을 무렵이었다. 그는 여기서 잠깐이었지만 마음의 안정을 느끼고 있었다. 베트남을 떠난 지 10여 년이 훨씬 넘어서야 다시 아시아에서, 베트남과 가까운 중국 남부에서 오랫동안 머물고 있었기 때문이다. 그는 여기서 한 여자를 만났다. 탕 투옛 민이라는 이 중국 여자는 가녀린 몸에 맑은 피부와 동그스름한 얼굴의 여인이었다. 꾸옥은 투옛 민을 만나고 얼마 지나지 않아 그녀와 결혼했다(한편에서는 호치민이 일생을 통해 결혼한 적이 없다고 말하지만 이 시기에 결혼을 했다는 설이 더 설득력 있다). 투옛 민은 광저우의 부유한 상인이 세 번째 부인에게서 낳은 딸로 아버지가 죽자 집에서 쫓겨나 어렵게 생활하다 꾸옥을 만나 결혼하기에 이른 것이다. 꾸옥은 투옛 민과의 사이에서 딸 하나를 낳았다고 전해진다.

한편 중국은 이때 중국 공산당과 쑨원이 이끄는 국민당의 양당 체제를 불안하게 유지하고 있었는데, 쑨원이 1925년에 간암으로 죽고 장제스가 권력 싸움 끝에 국민당을 장악하는 사건이 있었다. 장제스가 후계자의 자리에 오르고 난 뒤, 국민당 내에서는 반공 정세가 팽배해져 결국 중국 내의 공산주의자들과 그 동조자들을 학살하라는 명령이 떨어졌다. 따라서 꾸옥의 신변도 위험해졌다. 그는 안전을 도모하기 위해 잠시 비밀 장소로 피신해서 신문을 팔며 생계를 유지했다. 하지만 곧 체포될 위기에 처했고, 꾸옥은 1927년 5월에 비밀 은신처를 떠나 이번에는 홍콩으로 향했다. 결혼한 지 1년쯤 밖에 되지 않은 부인을 광저우에 남겨 둔 채였다. 꾸옥이 그렇게 중국을 떠난 뒤로 그들은 평생 단 한 번도 다시 만나지 못했다고 한다. 꾸옥은 2년여의 중국 생활을 접고 다시 떠돌이가 되었다.

홍콩, 모스크바, 파리, 베를린을 거쳐 시암까지

결혼한 지 1년밖에 되지 않은 부인과 어린 딸을 두고 쫓기듯 중국을 떠나 홍콩으로 향하는 기차 안에서 바라보는 풍경은 한없이 평화로워 보이기만 했다. 벼가 한창 파랗게 돋아나고 있었고, 햇살은 따뜻했다. 하지만 꾸옥의 마음은 복잡하고 어두웠다. 자신은 혁명가이기에 이미 개인의 행복 따위는 생각하지 않기로 하였다. 그는 이미 자신의 어깨에 베트남의 미래가 달려 있다고 생각했다. 무엇보다 꾸옥은 자신이 설립하고 탄탄하게 키운 '베트남 혁명 청년 동지회'의 미래가 불확실한 것이 마음에 걸렸다. 장제스의 공격으로 심각한 타격을 입었기 때문이다.

착잡한 마음으로 홍콩에 도착한 꾸옥은 홍콩에 장기간 머물며 청년회의 다른 회원들과 연결을 유지하고 새로 본부를 차릴 자리를 물색할 계획이었다. 하지만 꾸옥은 홍콩에도 머물 수 없었다. 그의 신분증을 수상하게 여긴 홍콩 당국이 24시간 안에 홍콩을 떠나라는 추방령을 내렸기 때문이다. 하는 수 없이 꾸옥은 다음날 배를 타고 다시 상하이로 향했다. 상하이에서 부유한 상인 행세를 하며 몸을 숨기던 그는 곧 바로 블라디보스토크으로 가는 배에 몸을 실었다. 이어 기차를 이용해 모스크바에 도착했지만, 여기서도 그는 오랫동안 머물 수 없었다.

그는 또다시 시암(지금의 태국)을 거쳐 1927년 11월 프랑스로 가야만 했다. 실로 어디에서도 편안하게 쉴 수 없는 떠돌이 신세였다. 꾸옥은 다시 아시아로 돌아갈 수 있는 자금을 확보할 때까지만이라도 프랑스에 머물고 싶어했다. 하지만 프랑스는 여전히 그에게 안전하지 않은 곳이었다. 프랑스 치안 당국이 그가 돌아왔다는 첩보를 입수하고 그를 찾아내려고 혈안이 되어 있었기 때문이다.

12월 중순, 그는 다시 베를린으로 갔다. 이후 몇 달 동안 베를린에 머물며 자신의 거취에 대해 고민해야만 했다. 그는 생활비를 아끼기 위해 독일 공산당 당원 가운데 아는 사람과 함께 살았지만, 4월이 되면서 돈이 바닥나고 마음도 초조해지기 시작했다. 이때의 마음은 자신이 쓴 짧은 글에 고스란히 드러난다.

"나는 프랑스에서는 일할 수 없고 독일에서는 쓸모없는 존재다. 인도차이나로 돌아가야 한다. 인도차이나에서 할 일이 많은데도 1년 이상이나 이 나라 저 나라를 정처 없이 떠돌고 있다. 나는 현재 어려운 상황에 처해 있다. 무한정 기다려야 한다는 것과, 먹고살 수단이 없다는 것이 말할 수 없이 괴롭다. 나는 떠나야만 한다……."

1928년 6월 초에 드디어 꾸옥은 베를린을 떠나 기차로 스위스를 통과하여 이탈리아에 이르렀다. 오랜 세월이 지난 다음, 그는 이 여행을 이렇게 회고했다.

"이탈리아 통과 여행을 허가해 달라고 요청하자, 파시스트 정부(1919년 이탈리아의 무솔리니가 조직한 정부. 국수주의적이고 권위주의적, 반공적인 정치 세력이다)는 아주 까다로운 질문을 던졌다. 국경에서 경비병들은 2,000페이지 분량에 달하는 『반코민테른』 사전이라는 책을 참조했다. 여기에는 세계 혁명가들 이름이 알파벳 순서로 정리되어 있었다. 그들은 거기에서 내 이름을 찾지 못하자 통과시켜 주었다."

그러나 그는 결국 이탈리아를 무사히 통과하지 못하고, 로마에서 경찰서로 끌려가 심문을 받았다. 여기서 꾸옥은 심하게 매를 맞아 정신을 잃었다가 다시 깨어나 심문받는 과정을 여러 차례 겪어야 했다. 꾸옥은 여기서 풀려난 뒤, 다시 시암으로 향했다.

베트남 공산당의 창당

응엔 아이 꾸옥은 1928년 7월 방콕에 도착했다. 시암은 유럽의 식민지가 아니었던 데다 또 상대적으로 사회가 안정되어 있었기 때문에 정부는 외국인들이 비교적 자유롭게 활동할 수 있도록 허가해 주었다. 심지어 악명 높은 혁명가인 꾸옥도 그다지 신변의 위협을 느끼지 않고 활동할 수 있을 정도였다. 거기다 시암에는 많은 베트남 인들이 살고 있었는데(식민지 체제에 반대하는 베트남 인들이 이 지역을 오래전부터 피신처로 삼고 있었는데, 베트남 인 이민자들을 베트남어로는 '비엣 키에우'라고 불렀다), 그들은 대부분 시암의 북동쪽, 멀고 험한 정글과 산이 넓게 펼쳐진 곳에 모여 거주하고 있었다. 이 시암의 북동부에서는 혁명 청년회의 회원들이 이미 꾸옥의 명령에 따라 비엣 키에우 공동체 내에 지부를 설립하고 있었다. 또한 시암 북동부에서 안남 산맥을 넘어 베트남 중부로 들어가는데 걸어서 불과 2주일밖에 걸리지 않는다는 사실도 꾸옥이 시암으로 간 이유였다.

꾸옥은 1928년 9월에 시암 북동부의 우돈이라는 곳으로 갔다. 우돈까지 이르는 여행길은 그리 만만한 게 아니었다. 정글의 좁고 험한 길을 보름 이상이나 걸어야 했다. 거기다 꾸옥 일행은 자신의 짐뿐 아니라 식량도 나눠 각자 등에 지고 걸었다. 꾸옥은 여행 초반에 무척 힘들어했다. 발은 부르트고, 숨은 가빠 더 이상 걷는다는 게 불가능해 보이기도 했다. 하지만 그는 끝까지 포기하지 않고 여행 내내 자신의 짐을 손수 지고 걷고 또 걸었다. 여행의 막바지 무렵에는 하루에 거의 70킬로미터를 걷기도 했었다.

그는 그 지역 주민과 똑같은 소박한 옷을 입고 친이라는 가명을 사용했다. 그리고 우돈에서 몇 달간 머물면서 학교를 열고 신문을 발행하고, 농민 협동 조합을 설립했다. 또한 자신이 직접 육체노동에 참여하면서 지역 주민들과 가까워지려고 노력했다. 학교를 지을 때는 몸소 벽돌을 날라 공사를 돕고, 저녁이면 마을 사람들에게 세계 정세와 인도차이나의 내부 상황을 이야기해주곤 했다. 그는 사람들과 함께 우물을 파고 나무를 베고 농사를 지으면서 생활했고, 태국어를 익히는 데도 열심이어서 하루에 단어 열 개를 암기하겠다는 계획을 세운 뒤 하루도 빠지지 않고 실행에 옮기기도 했다. 물론 이 모든 일들은 동포의 정치 의식을 높이기 위해서, 그리고 그에 대한 사전 작업으로 지역 주민과의 우호적인 관계를 유지하기 위한 것들이었다. 지역 주민들과 함께 생활하면서 청년회 활동을 위한 세포들을 결성하는 일도 소홀히 하지 않았던 것이다.

한편 프랑스 당국은 계속해서 위험한 사회주의자인 꾸옥을 찾고 있었다. 심지어 1929년 10월 빈의 재판소에서는 꾸옥이 출석하지도 않은 재판이 열려 그에게 사형이 선고되기도 했다. 프랑스 당국은 꾸옥이 시암에 있다는 것은 알았지만 정확한 위치를 알아내지 못하자 경찰을 대거로 투입해 그를 체포하려 했다. 그 때문에 한번은 거의 잡힐 뻔한 적도 있었다. 꾸옥은 코앞까지 뒤쫓아 온 경찰을 피하기 위해 머리카락을 잘라 변장을 하고 탑 안에 숨었던 적도 있었다.

온갖 어려움에도 꾸옥은 베트남 인들을 하나로 모으기 위해 애썼지만 정작 베트남 내에서는 저항 세력들이 하나로 뭉치지 못하고 '안남 공산당', '인도차이나 공산당', '인도차이나 공산주의 연맹' 등 분열된 세력을 형성하고 있었다. 따라서 반 프랑스 저항은 통합된 힘을 발휘하지 못하고 지지부진하고 있는 상태였다. 꾸옥은 이런 상황을 듣고 두 번이나 베트남에 가려고 시도했지만, 경찰의 삼

엄한 감시 때문에 국경을 넘을 수가 없었다. 막 세 번째 시도를 하려고 했을 때, 동포 한 명이 그에게 사태가 긴박하다고 알려 왔다. 베트남 내부의 세력 분열 때문에 경찰의 감시가 극한 지경에 이른 것이었다.

꾸옥은 다시 베트남행을 뒤로 미뤄야 할 수밖에 없었다. 그는 1930년 1월, 급히 중국의 광저우를 거쳐 기차를 타고 홍콩으로 이동했다. 영국 당국은 식민지 체제에 눈에 띄는 위협이 되지 않는 한 홍콩에 거주하는 외국인들의 활동에 상대적으로 관대했기 때문이다.

1930년 2월 3일, 호치민의 주재로 각기 다른 세 세력의 대표들이 한자리에 모였다. 이 자리에서 꾸옥은 당면한 과제가 분열된 세력의 통합이라고 강조했다. 이 회의에서는 놀랄 정도로 쉽게 합의가 이루어졌다. 아마 모두들 통합된 세력의 필요성을 절실하게 느끼고 있었기 때문일 것이다. 그래야만 베트남의 해방을 이룰 수 있는 길이 열린다는 사실에 누가 반대할 수 있겠는가? 그렇게 '베트남 공산당'이 창당되기에 이르렀다.

회의를 끝내면서 임시 중앙위원회가 선출되었고, 대표들은 베트남의 각 지역마다 정당의 지역 기구를 만들기로 합의했다. 본부는 베트남 북부의 최대 도시인 하노이에 세우기로 했으며, 공식적으로 다음과 같은 강령을 내걸었다.

1. 프랑스 제국주의, 봉건주의, 반동적인 베트남 자본주의를 타도
   한다.

2. 인도차이나의 완전한 독립을 성취한다.

3. 노동자, 농민, 병사의 정부를 만든다.

4. 은행과 기타 다른 제국주의 기업을 접수한다.

5. 농장과 기타 토지를 몰수해서 농민에게 재분배한다.

6. 하루 8시간 노동제를 도입한다.

7. 강제된 대부, 인두세, 그리고 가난한 사람들에게 무겁게 부과된
   모든 세금을 폐지한다.

8. 민주적 자유를 수립한다.

9. 보편적인 교육을 제공한다.

10. 남녀평등을 확립한다.

꾸옥은 마침내 베트남 혁명을 위한 검을 뽑아 든 것이다.

이제 혁명은 시작되고

내리찧는 절구대 밑에서 볍씨는 빻아지지만,

고통이 지나면 그 흰빛이 감탄스럽다!

사람의 세상살이도 이와 마찬가지.

진정한 인간이 되려면 불행이라는 절구가 있어야 한다.

호치민 「벼 찧는 노래」, 『옥중일기』 중에서

혁명의 조건

응엔 아이 꾸옥에게 베트남 공산당의 창건은 꿈의 실현이었다. 거의 20년 전 꾸옥이 사이공의 부두를 떠나 배에 오를 때 시작되었던 불씨가 서서히 타오르기 시작한 것이다. 한편, 인도차이나에서는 식민지 지배에 대한 불만의 목소리가 점점 더 높아가고 있었다. 이미 1920년대 중반부터 주요 도시에서 활발해진 학생 운동이 그 출발이었다. 베트남 청년들의 가장 큰 불만은 절대적으로 부족한 교육의 기회였다. 중등학교 수준의 교육을 받는 사람들은 전국에 걸쳐 겨우 5,000명 미만이었고, 인도차이나의 유일한 대학인 하노이 대학에 재학 중인 학생 수는 불과 500명이 채 되지 않았다. 그나마 학생들은 졸업 후에도 만족스러운 일자리를 얻을 수 없었기 때문에 베트남 젊은이들의 좌절감은 거의 절망적인 수준이었다.

하지만 학생들보다 인도차이나에서 살아남기 가장 힘든 것은 노동자와 농민들이었다. 프랑스의 착취는 끊이지 않았고, 엎친 데 덮친 격으로 인도차이나에는 흉작이 계속되었다. 많은 사람들이 억압과 기근의 고통을 동시에 겪고 있었다. 중부 고원지대와 캄보디아 국경지대의 차와 고무 농장에서 일하는 노동자들의 노동 조건이 특히 열악했다.

모든 고무 농장의 노동자들은 새벽 4시에 일어나야 했다. 많은 사람들이 시간이 없어서, 또 먹을 것이 없어서 아침을 먹지 못했다. 새벽 5시쯤 종이 울리면 모든 노동자들은 마당에 집합해야 했다. 지각은 꿈도 꿀 수 없었다. 만약 조금이라도 늦을라치면 여지없이 심한 매질이 시작되었다. 점호 시간은 불과 20분이었지만 얼마나 피를 말리는 시간이었겠는가. 감독과 프랑스 인 농장 소유주는 무슨 구실이든 만들어서 노동자들을 욕하고 매질했다. 몸이 약해 할당량을 채우지 못하는 노동자는 또다시 매를 맞아야 했다. 매질을 당하기 싫으면 감독관에게 뇌물을 바쳐야 했다. 게다가 일이 좀 일찍 끝나는 날이면 노동자들은 농장주를 위해 농장주 집 주위의 잡초를 뽑고 집을 청소해야 했다. 이즈음 노동자들 사이에 유행한 말이 있다.

"고무 농장에서는 아이들은 아버지를 알 기회가 없고, 개들은 주인이 누군지 알 만한 시간이 없다."

그들은 체벌을 받고 영양실조에 시달리면서, 안전장치도 없는 위험한 환경에서 일해야 했던 것이다.

거기다 세계 대공황(1929년 미국 뉴욕의 주가 폭락으로 시작된 세계적인 경제 불황 사태)의 여파가 프랑스령 인도차이나에까지 번져 프랑스 자본은 인도차이나를 떠났고, 실업이 급속히 늘어났다. 일부 기업에서는 노동자를 반 이상이나 해고하는 일이 빈번하게 발생했다.

이 때문에 1920년대 말부터 노동자들의 파업이 시작되었다. 그들은 노동시간 단축, 노동조건 개선, 감독들의 잔인한 체벌 금지, 성과급 작업 폐지 등 가장 기본적인 노동 환경의 개선을 요구하는 시위를 벌였지만, 프랑스 당국은 이러한 노동자의 파업을 심각하게 여기지 않았다. 왜냐하면 노동자들의 시위는 조직적이지 못했고, 전국적으로 연계된 것이 아니라 각 지역에서 산발적으로 일어난 것이기 때문에 진압에 별 어려움이 없었기 때문이다.

노동자들의 파업보다 더 의미심장한 일은 농촌지역에서 일어나기 시작한 소요였다. 농촌지역의 높은 세금과 높은 소작료, 거기에 관리의 부정부패에 심각한 흉작까지 겹치자 농민은 하루하루 굶주려 가고 있었다. 그리고 원성이 자자했던 프랑스 당국의 소금, 아편, 주류 판매 독점도 농민들의 불만을 야기하는 중요한 원인이었다. 수많은 지주들은 소작인들을 자신의 하인처럼 부렸고, 명절에는 선물이나 돈을 바칠 것을 요구했다. 지주들은 또 고리대금업을 겸해 가족을 먹여 살리거나 이듬해 농사에 필요한 종자를 구입하기 위해 돈을 빌릴 수밖에 없는 농민들에게 터무니없이 높은 이자를 받아냈다. 거기에 베트남 중부의 대홍수, 다른 지역의 가뭄, 쌀값 폭락까지.

혁명은 그런 비참한 상태 속에서 싹트게 마련이다. 꾸옥의 고향이자 전통적으로 저항의 기운이 높았던 응에 안 지역에서 최초의 폭발이 일어났다. '베트남 공산당'의 영향을 받은 농민들은 온통 반란의 기운으로 들끓었고, 반란의 성공을 위해 스스로 조직을 강화하기에 이르렀다. 급기야 이 지역에서 농민 6,000여 명이 모여 대규모 시위를 벌였다. 이 시위는 상당히 조직적이어서 근방의 광대한 토지를 몰수해 굶주린 사람들에게 나누어 주고 이 일대를 장악했다. 이 반란은 지금까지 베트남에서 일어난 저항 운동 중 가장 효

과적이면서 가장 큰 규모의 저항이었다.

하지만 그 저항은 아직 준비가 안 된 상태에서 일어난 저항이었다. 프랑스 당국은 곧 농민 시위에 외인부대를 투입했다. 수천 명의 시위자들이 별 다른 무기도 없이 행진하고 있을 때, 프랑스 전투기들이 시위대에 폭탄을 투하했다. 그리고 그것을 신호로 외인부대들은 시위대를 향해 무차별적으로 총부리를 겨누었다. 이 전투 아닌 전투는 하루 종일 계속되었고, 한밤중이 되어 전투가 끝났을 무렵 길거리에는 수백 명의 베트남 사상자들이 어지럽게 널려 있었다.

무자비한 대학살이 끝나자마자 시위자뿐 아니라 베트남 공산당에까지 대대적인 검거령이 내려졌다. 베트남 공산당 당원들이 봉기를 조종한 혐의를 받았기 때문이다. 베트남 공산당 출범 당시 강령은 '노동자, 농민, 병사, 젊은이와 학생'에게 프랑스 제국주의의 타도를 호소했었는데, 공교롭게도 그로부터 몇 달 후 이 폭동이 일어난 것이다. 결과적으로 베트남 공산당의 많은 지도자들이 체포되어 처형되거나 투옥됨으로써 조직력이 크게 약화되었다.

그러나 봉기는 거기서 그치지 않았다. 1930년대가 열리면서 베트남 사회 전반은 동요하기 시작했다. 일부 지역은 아주 절망적인 분위기였다. 1930년 3월에는 캄보디아 국경 근처 코친차이나 서부의 '테르 루주(붉은 땅)' 지대에 자리 잡은 푸 리엥 고무 농장에서 폭동이 일어났다. 몇 주 뒤에는 통킹의 제조업 중심지인 남 딘의 직물 공장에서 파업이 일어났고, 응에 안 성의 산업 지대에 있는 벤 투이 성냥 공장에서도 파업이 일어났다. 프랑스 당국은 그때마다 신속하게 시위를 진압했고, 이 과정에서 많은 사람들이 죽거나 다쳤다.

베트남 인들은 곤궁과 절망적 상황을 견디다 못해 시위를 하게 된 것이었다. 시위대는 이렇게 외쳤다.

"대중은 공산주의자들이 아니다. 그러나 그들은 불만에 가득 차 있다. 지주들은 농민을 착취한다. 관리들은 주민에게 빌붙어 기생하고 정부는 착취당한 농민들에게 관심조차 기울이지 않는다."

실제로 이러한 봉기들에 베트남 공산당은 직간접적으로 관여하고 있었다. 베트남 공산당은 창당한 지 1년 만에 당원 수가 천여 명을 넘어섰으며, 거기다 당원 외에 노동자 조직과 제휴한 숫자가 수만 명에 달했고, 농민 조직에 가입한 수는 더 많았다. 이 시기(1931년경)에 '모든 갖지 못한 자'는 잠재적인 혁명군이었던 것이다.

베트남 공산당 지도자들은 공장들에 위장 취업해서 시위 분위기를 만들기도 하고, 각 마을 공동체에 세포를 심고, 소책자를 배포하고, 회의를 조직했다. 이 당시 꾸옥은 상하이에 잠시 머물렀다가, 다시 홍콩으로 돌아와 있었다. 그는 베트남에서의 이 같은 소요를 보고받고 "예상했던 일이지만 우려할 만한 일이기도 하다"라고 말했다. 프랑스 제국주의의 횡포가 날로 더해져 갔으므로 베트남 각 지역에서 봉기가 일어나는 것은 당연한 결과지만, 아직 총봉기를 하거나 혁명을 일으켜 프랑스를 베트남에서 몰아낼 만한 때는 되지 않았다는 뜻이다. 따라서 그는 베트남 내에 있는 베트남 공산당 지도자들에게 "자연스럽게 일어나는 봉기들은 확고하게 지원해야 한다. 하지만 결국 진압당할 가능성을 염두에 두고 피해를 최소화하기 위해 노력해야 한다"고 말하면서 다음과 같은 메시지를 보냈다.

"현재 우리 당에서는 각 지역에서 일어나고 있는 봉기를 옹호하고 있는데, 이런 정책은 적절치 않다. 당과 전국 대중의 준비가 부족하며, 무력을 갖추지 않았기 때문이다. 이 시점에서 많은 지역의 고립된 폭력은 때 이른 것이며, 맹목적 모험주의에 불과하다. 그러나 현재 상황을 고려할 때 우리는 당의 영향력을 유지하여, 설사 봉기가 실패한다 하더라도 당의 애정이 대중의 마음속 깊이 파고들어 당과 농민 조직들의 영향이 계속 유지될 수 있도록 행동해야 한다."

또한 베트남 공산당은 프랑스의 식민 정책이 위기에 이르렀다고 판단하고, 베트남 국민들을 위한 정책을 내놓는 등, 활동을 가시화하기 시작했다. 선언문을 발표한 것을 비롯해서 베트남 국민들의 문맹률을 떨어뜨리기 위한 정책으로 베트남어를 알파벳 문자, 즉 꾸옥 응우(國語)로 바꾸는 운동을 전개했다. 그리고 베트남의 심각한 기근과 절망감을 줄여 나가기 위해 노름을 근절하고 조세를 폐지하는 정책을 내놓았으며, 지주의 토지를 가난한 농민들에게 재분배하기 위해 노력했다. 이와 더불어 베트남 공산당은 반제국주의 혁명 노선을 전면에 내세우면서 당명을 '인도차이나 공산당'으로 변경했다. 당시 프랑스 식민지는 베트남뿐 아니라 북쪽의 라오스, 남쪽의 캄보디아까지 포함한 전 인도차이나 반도에 걸쳐 있는 상황이었고, 프랑스의 식민 정책 역시 전 인도차이나 반도에 해당되었다. 따라서 제국주의 타도를 위해서는 식민지 치하에 있는 모든 지역이 통합되어야 한다고 생각했던 것이다.

당 중앙위원회는 당명을 변경하면서 다음과 같은 성명서를 발표하였다.

"베트남, 라오스, 캄보디아는 별개의 세 나라이지만 현실적으로는 하나의 지역을 형성하고 있다. 경제적인 의미에서 이 세 나라는 긴밀하게 연결되어 있으며, 정치적으로는 모두 프랑스 제국주의자들의 식민지 통치에 억압당하고 있다. 세 나라 노동자들과 모든 노동 대중이 제국주의자, 군주, 지주를 타도하고 독립을 회복함과 동시에 자신을 해방하려면 개별적인 싸움으로는 승리할 수 없다. 따라서 노동 계급의 전위이자 혁명 투쟁에 나선 모든 대중의 지도자인 공산당도 베트남, 라오스, 캄보디아를 개별적으로 대변할 수 없다. 혁명의 적이 연합 세력이라면, 공산당 역시 모든 인도차이나의 노동자 세력을 한데 모아야 한다."

응엔 아이 꾸옥, 체포되다

베트남 공산당이 오랫동안의 지하 운동 시기를 접고 당명을 인도차이나 공산당으로 바꾸면서 활동을 가시화하고, 이에 따라 프랑스 당국의 식민 정책이 점점 더 가혹해지면서 베트남 전국에 걸친 봉기는 끊임없이 이어졌다. 앞서도 말했듯, 특히 베트남 중부 지방에서 폭동이 터져 나오곤 했는데, 프랑스 당국은 이 같은 소요를 무자비하게 진압했다. 프랑스 치안국 보고서에 따르면, 1931년 늦은 봄까지 적어도 2,000명이 사망했고, 5만 명이 넘는 엄청난 사람들이 봉기에 가담했다는 이유로 체포되어 구금되었다고 한다. 이 과정에서 많은 수의 인도차이나 공산당 지도자들도 체포되었는데, 수감된 사람들은 몽둥이로 두들겨 맞는 경우가 많았다. 심지어 그들은 감옥 벽에 사슬로 묶인 채 전기 고문을 당하기도 했다. 훗날 당 역사가는 당시를 이렇게 기록했다.

"1931년 초 몇 달 동안 베트남 중부 한 지역에서는 300명 내지 500명이 참여하는 시위가 끊임없이 일어났다. 5월 이후에 격렬한 시위가 벌어졌고, 여기에는 배반자 처형이 뒤따랐다. 그러나 가장 중요한 시위는 7월 23일 빈 딘 성의 봉 손에서 일어났다. 큰 칼, 몽둥이, 총으로 무장하고 세 줄로 선 시위대는 큰길을 따라 행진해 오며 바리케이드를 만들 나무를 베고, 전선줄을 자르고, 길가에 늘어선 차에 불을 질렀다. 그리고 지역 유지 몇 명을 처형했다.”

베트남의 불행은 이에 그치지 않았다. 식민지 당국의 탄압에 설상가상으로 극심한 가뭄이 베트남 중부 지방에 몰아닥친 것이다. 1931년 7월에 작성한 프랑스 보고서에는 벼농사 흉년으로 베트남 중부 지방의 인구 90퍼센트가 기아로 죽어 간다고 적혀 있다. 이 때문에 베트남 인들은 끊임없이 일으키던 봉기를 일으킬 힘조차 잃어 가고 있었다. 한 기록에 따르면 당시 이 지역의 소요가 잠잠해진 상황을 두고 ‘죽음의 침묵’이라고 했으니, 식민지 당국의 탄압과 심각한 기근이라는 말할 수 없는 고통에 싸울 힘도 잃은, 그야말로 죽음에 이르러 입을 다물 수밖에 없었던 처참한 상황을 충분히 짐작할 수 있다.

한편, 홍콩에 머물고 있던 응엔 아이 꾸옥은 베트남에서 동포들이 겪는 시련에 세계의 이목을 집중시키기 위해 노력하고 있었다. 그는 싸구려 호텔에서 묵고 있었다. 그의 방은 아주 싼값에 빌린 것으로 싱글 침대 하나와 작은 책상 하나가 겨우 들어갈 정도였다. 날씨가 추울 때도 난로가 없어 몸을 떨어야 했다. 그는 책상 위에 늘 영어와 중국어로 된 책을 잔뜩 쌓아 두고 읽었다. 베트남 각 지역에서 봉기가 일어나고 또 무자비하게 진압되곤 하는 소식을 들으면서 꾸옥은 답답한 가슴을 책을 읽으며 쓸어내리곤 했다.

혁명 운동이 도처에서 늘어가고, 해야 할 일은 많은데 할 수 있는 일은 별로 없는 상황에서 그는 각종 글을 발표하면서 베트남의 절망적인 상황을 알리고 베트남 인들의 봉기에 대한 소식을 전하기 위해 애썼다. 꾸옥은 1931년 초에 쓴 「붉은 응에 틴」(응에 틴은 봉기가 가장 크게 일어났던 인접한 두 성, 응에 안과 하 틴을 가리킨다)이라는 글에서 베트남 중부에서 노동자와 농민의 불만이 결합되어 폭발적인 힘이 터져 나왔다고 지적하면서, 이 봉기는 진실로 '붉다'고 평할 만하다고 결론을 내렸다. 하지만 꾸옥은 자신이 베트남에 들어가지 못하고, 홍콩에 머물러 있기 때문에 베트남에서 일어나고 있는 모든 상황에 대해 최선을 다하지 못하고 있다고 늘 생각했다. 그는 늘 자신이 인도차이나로부터 고립되어 있는 상황을 슬퍼했다.

홍콩의 싸구려 아파트에서 꾸옥이 인도차이나의 상황에 대한 깊은 고민에 빠져 있었을 때 갑자기 영국 경찰이 들이닥쳤다. 1931년 6월 6일 새벽 2시쯤이었다. 홍콩은 외국인이, 특히 꾸옥 같은 혁명가가 활동하기에 비교적 자유로운 곳이었지만, 영국은 갑작스럽게 정치적으로 문제를 일으키는 무리를 제거하기로 마음먹었던 것이다. 영국은 그들의 식민지인 홍콩에 특히 이런 사람들이 많다는 것을 알고 대대적인 체포 작전을 벌였다. 경찰이 들이닥치자 응엔 아이 꾸옥은 자신을 T. V. 왕이라는 중국인이라고 주장했지만 그의

아파트에서 수많은 정치적 소책자와 성명서들이 발견되었기 때문에 결국 꾸옥은 경찰에 체포되었다. 하지만 체포된 뒤에도 그는 계속해서 자신이 응엔 아이 꾸옥이라는 사실을 숨겼다.

그의 체포로 인도차이나의 혁명은 큰 타격을 받을 수밖에 없었다. 꾸옥과 인도차이나 내부 당원들 사이의 연결선이 끊어졌을 뿐 아니라, 꾸옥이 프랑스 당국의 손아귀에 넘어갈 수도 있는 위험한 상황이었기 때문이었다. 만일 그런 일이 벌어진다면 응엔 아이 꾸옥의 운명은 심각한 위기를 맞게 되는 것이었다.

홍콩의 감옥에서 맞이한 죽음의 위기

홍콩의 감옥은 마치 어두운 지하 동굴 같았다. 공기는 탁했고, 불쾌한 습기가 온몸을 감쌌다. 게다가 꾸옥은 주기적으로 간수들에게 매를 맞았다. 밥에서는 냄새가 났고, 반찬으로 나오는 생선은 썩은 것이었다. 꾸옥은 이따금 절망에 빠지기도 했다. 석방될 가능성이 없어 보였기 때문이다. 그의 유일한 낙은 감방 안의 벌레를 잡는 것이었다. 하지만 그는 가끔 절망적인 때를 제외하고는 낙담하지 않았다. 시간을 보내기 위해 감방 안에서 노래를 부르기도 했고, 이따금 종이 조각을 손에 넣는 일이 생기면 시를 쓰거나 친구들에게 편지를 쓰기도 했다.

1931년 꾸옥의 체포는 여러 식민지 당국이 동아시아 전역의 공산주의 활동가들을 체포하는 연속적인 작전의 일환이었다. 홍콩 당국은 오랜 감금 뒤에 꾸옥을 추방하기로 결정했다. 이때 홍콩 주재 프랑스 대사가 그를 인도차이나로 추방해 줄 것을 강력히 요구하고 나섰다. 그가 꾸옥이라고 짐작했기 때문이다. 그러나 이때 꾸옥은 결핵에 걸렸고, 꾸옥을 변호한 변호사 프랭크 로스비의 적극적인 노력 덕분에 꾸옥은 홍콩의 빅토리아 감옥을 떠나 보원 로드 병원으로 이송될 수 있었다.

꾸옥은 병원에서는 비교적 편안하게 지낼 수 있었다. 한가롭게 책도 읽을 수 있었고, 많은 사람들이 방문해 그와 얘기를 나누기도 했다. 몇 달 동안 병원에서 지내면서 휴식과 치료를 하는 동안 그는 병원 직원들의 사랑을 받았고, 그 때문에 꾸옥의 '탈출 작전'은 그리 어렵지 않게 실행될 수 있었다. 꾸옥이 병원에서 치료를 받다가 결핵으로 죽었다고 발표한 것이다.

깊은 새벽, 병원을 탈출한 꾸옥은 연안에 미리 준비되어 있던 배에 몰래 숨어들었다. 그는 배 안에서 숨죽이며 자신의 처지와 베트남의 상황을 생각하며 깊은 한숨을 내쉬었다. 결국 탈출에 성공해 상하이에 도착한 그는 프랑스 쪽의 보안 요원들을 피하기 위해 부유한 사업가로 가장하고 사치스러운 호텔에 묵었다. 그러나 그는 얼마 되지 않는 자금을 절약하기 위해 혼자 식사를 하고 호텔방에서 직접 빨래를 해야 했다. 꾸옥은 최대한 조심해서 행동하고 여간

해서는 바깥출입을 하지 않았다. 프랑스 당국이 꾸옥이 죽었다는 소식을 믿지 않았던 데다, 마침 그 무렵부터 꾸옥이 중국 남부, 인도차이나, 시암 등지에 있다는 소문이 돌기 시작했기 때문이다. 프랑스 경찰은 꾸옥이 중국에 있을 가능성에 대비해 그를 찾으려고 백방으로 노력했고, 그에게 상당한 액수의 현상금을 내걸기도 했다. 그는 중국, 인도차이나, 영국령 전체에 걸쳐 지명 수배자가 된 것이다.

한번은 상하이의 중국 공산당 동료와 은밀히 만나려다 체포당할 뻔한 적도 있었다. 동료를 만나고 돌아오는 길에 그는 프랑스 경찰이 동네의 거리를 막고 지나가는 사람들을 심문하는 것을 보았다. 그는 재빨리 지나가던 고급 택시에 올라탔다. 하지만 택시 기사는 뭔가 미심쩍었는지 차를 출발시키지 않고 머뭇거렸다. 꾸옥은 택시 기사에게 소리쳤다. "갑시다!" 다행히 택시는 곧 출발했고, 경찰은 꾸옥이 타고 있는 고급 택시를 세우지 않고 그냥 보내주었다. 또 한 번의 아슬아슬한 탈출이었다. 만약 여기서 꾸옥이 체포되었다면 어떻게 되었을까? 아마 호치민이라는 이름이 영원히 세상에 드러나지 않게 되었을지도 모를 일이다.

꾸옥은 하는 수 없이 한동안 종적을 감추고 숨어 지내야 한다고 생각했다. 그래서 꾸옥은 상하이 생활을 접고 또다시 여행길에 올랐다. 1931년에서부터 1934년에 이르는, 꾸옥에게는 실로 암흑기였던 때를 지나 또 다른 새로운 삶을 향해 출발한 것이다.

레닌 대학의 한 학생

1934년 봄, 응엔 아이 꾸옥을 태운 시베리아 횡단 열차는 블라디보스토크를 거쳐 얼어붙은 시베리아를 가로질러 모스크바에 도착했다. 모스크바의 기차역에 내린 꾸옥의 모습은 병색이 짙고 초췌해 보였다. 홍콩 감옥에서의 고단했던 생활이 고스란히 드러나 있었던 것이다. 게다가 감옥에서 걸린 폐결핵이 채 낫지 않은 상태였다. 꾸옥은 소련의 크림 지방에 있는 한 요양소에서 한동안 치료를 받았다. 그리고 몇 주 뒤 그는 다시 모스크바로 돌아와 레닌 대학에 입학했다. 레닌 대학은 1926년에 세워진 공산당의 고급 요원들을 교육하는 학교였다. 꾸옥은 리노프라는 가명을 쓰면서 레닌 대학의 6개월짜리 단기 과정에 등록했다. 이후 몇 달 동안 그는 강의를 듣고, 때때로 학생들을 가르치기도 하고 글을 쓰면서 지냈다. 동시에 그는 몸을 튼튼하게 하기 위해서 매일 운동하는 것을 게을리 하지 않았다. 이 시기 꾸옥은 실제 정치 활동에는 가담하지 않고 있었지만, 언젠가 다시 활동을 재개할 것에 대비한 준비를 철저하게 하고 있었던 것이다.

꾸옥은 1935년 9월의 한 인터뷰에서 자신에게는 단 하나의 소원이 있는데, 그것은 가능한 한 빨리 조국으로 돌아가는 것이라고 말했다. 그러나 그것은 아직 불가능한 일이었다. 꾸옥은 죽었다고 알려져 있었지만 프랑스 식민지 당국은 여전히 그 말을 믿지 않고 있

었고, 만약 그가 베트남으로 돌아간다면 어떤 일이 생길지 모를 상황이었기 때문이다. 그는 답답한 마음으로 여전히 모스크바에 머물 수밖에 없었다.

1936년 가을, 그는 민족과 식민지 문제 연구소(이전의 스탈린 학교)에 등록해 철학·역사·러시아어 강의를 들었으며, 베트남 학생들에게 강의를 하기도 했다. 그는 너무나 오랫동안 모스크바에 은거하고 있는 상태였다. 1938년 6월, 그는 절망에 빠져 코민테른의 한 동료에게 편지를 썼다. 홍콩에서 체포된 뒤로 7년이 흘렀고, 아무런 활동도 하지 않고 8년째를 맞이하고 있던 때였다. 그는 자신의 신세가 처량하다고 생각했다.

"나를 어딘가로 보내든가, 아니면 여기 계속 있어야 한다면 뭔가 유용한 일을 하고 싶습니다. 하지만 아무런 활동 없이 너무 오래 이곳에 있는 건 정말 원하지 않습니다."

그는 8년 동안이나 조국 베트남에 별로 영향을 미치지 못하고 모스크바에 머물러 있었지만, 그 기간은 그의 생각처럼 불명예스러운 것이었다기보다는 미래를 위한 유예기간이었다고 봐야 할 것이다. 그리고 드디어 그의 간절한 소망대로 다시 활동을 재개하기 위해 꾸옥은 1938년 가을, 중국으로 돌아가는 여행길에 올랐다.

그리던 조국, 베트남으로 돌아가다

가장 높은 봉우리들도 올랐건만,

평지에서 곤경에 부딪혔구나.

산에서는 호랑이와 마주치고도 무사했건만,

평지에서는 같은 인간에게 붙들렸구나.

호치민 「험한 길」, 『옥중일기』

기나긴 휴식을 접고 다시 혁명의 길로

모스크바를 뒤로 하고 다시 시베리아 횡단 열차에 몸을 실은 응엔 아이 꾸옥은 동쪽으로 소비에트 중앙아시아의 광대한 초원 지대를 가로질러 갔다. 그는 카자흐스탄에 잠시 머문 뒤 중국으로 접어들었다. 꾸옥은 중국 시안에서 이틀 정도를 머무른 후, 옌안까지 가기 위해 황소와 말이 끄는 수레를 타고 여행자들 무리에 끼어 북쪽 산악지대의 좁은 길을 따라 300킬로미터를 걸어갔다. 가는 길에는 중국 국민당의 장제스 군대가 많았기 때문에 그는 산악지대에 사는 궁핍한 사람들에게 의복과 신발을 가져다주는 마차를 따라가야 했고, 그 바람에 꾸옥은 그 먼 길을 대부분 걸어가야만 했던 것이다.

1938년 가을, 꾸옥이 돌아간 중국은 그가 떠날 때와는 완전히 달랐다. 중국은 전쟁 중이었기 때문이다. 1931년 일본군이 일으킨 만주사변이 화근이었다. 당시 호전적인 일본군이 갑자기 만주를 점령하고는 만주국이라는 괴뢰국가를 세웠다. 이 때문에 1934년 말 중국 공산당은 어쩔 수 없이 중국 북부의 옌안 지방으로 본부를 옮겨야 했고, 꾸옥은 그런 이유로 옌안으로 향했던 것이다. 하지만 일본군의 침략은 꾸옥에게는 오히려 호기가 될 수도 있는 일이었다. 궁지에 몰린 중국 국민당의 장제스가 일본군을 몰아내기 위해 하는 수 없이 중국 공산당과 다시 손을 잡기로 결심했고, 꾸옥을 비롯한 공산당원들의 활동은 자유로워졌다.

꾸옥은 옌안에서 자신의 정체를 감추기 위해 후광이라는 중국 이름을 사용하며 고위 장교의 연락병 행세를 했다. 그러다 그는 중국 광시 성 중심부의 소박한 도시 구이린으로 향했다. 구이린은 역사적으로 중국의 고전적인 화가들에게 많은 영감을 준 아름다운 곳이었다. 그는 구이린에서 기자로 일하면서 중국 공산당 팔로군 (1937~1945년에 일본군과 싸운 중국 공산당의 주력 부대 중 하나) 본부에서 보건 담당 간부 일을 맡았다.

꾸옥은 구이린에 머물면서 늘 부지런하고 검소한 생활을 했다. 시골 농부 같은 카키색의 옷차림으로 매일 일찍 일어나 바닥을 청소했다. 흙바닥이었기 때문에 청소를 하면 먼지가 피어올라 목을 보호하기 위해 천으로 입을 가려가면서도 그는 청소를 거르지 않았다. 아침을 먹은 후에는 보건 감독관과 기자 일로 하루를 보내고 나머지 시간에는 책을 읽거나 글을 썼다.

그리고 언제나 인도차이나의 변화에 온 관심을 기울이는 일을 잊지 않았다. 벌써 인도차이나의 내부 상황에 관여하지 못한 지 오랜 시간이 흘러 있었다. 그는 인도차이나 공산당 당원들을 다시 만나 베트남 내부의 일을 의논할 수 있기를 간절히 바랐고, 드디어 1940년 중국 쿤밍 지방에서 팜 반 동과 보 응우옌 지압이라는 사람들을 만날 수 있었다. 당시 인도차이나 공산당 내부의 조건은 점점 어려워지고 있는 상황이었다. 프랑스 당국은 혁명 노선의 종말을 공공연하게 선언하고 있었다. 그래서 당 대표를 비롯해서 많은 지도부가 체포되고 있었다. 팜 반 동과 보 응우옌 지압은 혁명 사업 훈련을 받으라는 인도차이나 공산당 중앙위원회의 명령을 받고 중국으로 건너온 사람들인데 이들은 후일 호치민, 즉 응엔 아이 꾸옥을 도와 혁명을 승리로 이끄는 두 주역이 된다.

게다가 이즈음은 제2차 세계대전이 진행되던 중이었는데 유럽에서는 독일이 1940년 5월에 공격을 개시하여 프랑스의 항복을 받아낸 일이 있었다. 이는 곧 인도차이나 내부에도 어떤 변화가 있을 거라는 신호와 같았다. 꾸옥은 이에 대해 이렇게 말했다.

"프랑스의 패배는 베트남 혁명에 매우 우호적인 조건이 형성되었음을 뜻한다. 우리는 모든 수단을 동원해서 고국으로 돌아가 그 상황을 이용해야 한다. 늦으면 늦을수록 혁명에 손해다."

이에 대해 한 동료가 무기 확보의 필요성을 제기하자 꾸옥은 이렇게 대답했다.

"총봉기를 시작하면 무기를 가지게 될 것이다. 그것은 혁명의 가장 중요한 문제 가운데 하나이다. 하지만 지금은 무기를 가지고 있다 해도 누가 그것을 들겠는가? 따라서 우리는 먼저 고국으로 돌아가 대중을 동원할 방법을 찾아야 한다. 대중이 일어서면 그들이 무기를 가지게 될 것이다."

서둘러야 할 이유는 또 있었다. 바로 일본군의 인도차이나 진격이었다. 1940년에 들어서자 일본은 중국과 동남아로 세력을 확장하기 시작한 것이다. 인도차이나는 중국의 장제스 정부가 연안의 철도를 통해 중국 밖으로 나갈 수 있는 길목이며, 동남아를 통틀어 가장 중요한 전략 요충지이고, 쌀을 비롯한 많은 농산물의 산지이기 때문에 일본이 가장 주요한 전략 목표로 정한 것이다.

일본 군대는 1940년 9월 22일, 최초로 베트남의 랑손을 공격했다. 그런데 일본의 사령관들은 인도차이나를 다스릴 명분을 갖고 있지 않았다. 그 때문에 일본은 프랑스의 비시 정부(제2차 세계대전 중 독일이 프랑스를 침공하여 수립한 프랑스의 괴뢰 정부)와 타협을 시도했다. 결국 몇 차례에 걸친 프랑스-일본 협약, 특히 1941년의 협약 이후 일본 군대의 베트남 주둔이 허가되고 외국의 침입이 있을 때에는 공동으로 방어한다는 계획이 수립되기에 이르렀다. 또한 일본은 인도차이나 내에서의 프랑스 주권을 인정하는 대신 인도차이나를 일본의 전시 경제권 안으로 통합시킨다는 거래가 이루어졌다. 바야흐로 인도차이나 내에서 권력이 분리되고 이중의 식민지 착취가 이뤄지기 시작한 것이다.

30년 만에 조국 베트남으로

꾸옥은 이런 여러 가지 상황에 맞는 새로운 통일 전선 수립을 생각하고 있었다. 그래서 그는 프랑스 식민지 권력을 추방하는 공동 투쟁에서 모든 세력을 통일할 광범위한 조직을 만들자고 제안했다. 그렇게 태어난 것이 '베트남 독립 동맹'이다. 줄여서 '베트민'이라고 부르기로 한 이 조직은 이후 베트남 혁명에 중요한 역할을 맡게 된다.

한편, 베트남의 남부 도시 사이공에 본부를 둔 인도차이나 공산당 중앙위원회는 혼란에 빠져 있는 상태였다. 앞서 말했듯, 당 지도부의 대부분이 수감 중이었던 데다 베트남 중부와 북부 지방과도 연계가 끊어진 상태였고, 외부 지도자인 꾸옥과도 연결이 쉽지 않은 상황이었다.

게다가 프랑스 식민 당국은 유럽에 부대를 파견하기 위해 베트남 인들을 징집하기 시작했다. 베트남의 많은 농민들에게 징집이란 단지 전쟁터에서 자신이 죽거나 부상당한다는 의미만이 아니라, 가족이 굶어죽을 위기에 처한다는 걸 뜻했다. 이 때문에 사이공의 농촌 지역에서 또다시 봉기가 일어나기 시작했다. '죽음의 침묵' 이후 다시 되살아난 저항 의지였다. 봉기 세력은 일시적으로 몇몇 지역을 점령하기도 했지만 인도차이나 공산당이 체계적으로 개입하기도 어려운 상황이어서, 조직도 일관성도 없이 일어난 농민 봉기는 불과 나흘 만에 프랑스 당국에 의해 유혈 진압되었다. 그 나흘 동안 죽은 사람만 100여 명에 달했고 수천 명이 체포되어 수감되었을 뿐 아니라, 수백 명의 공산주의 활동가들이 일제 검거에 걸려들었다.

꾸옥은 이 같은 소식을 듣고 당 조직이 입은 심각한 타격의 정도를 짐작했다. 그리고 이제 드디어 베트남으로 돌아갈 때가 왔다고 직

감했다. 꾸옥은 30년 가까이 외국을 떠돌며 혁명 기술을 익히고 그의 동포를 조직화하는 데 온 힘을 기울였다. 언젠가 닥치게 될 베트남 독립 투쟁을 위해서였다. 또한 그는 외국에 널리 흩어져 있는 동포들을 한데 모으는 데도 힘을 기울였다. 그는 이제 때가 오고 있다고 생각했다. 드디어 조국 베트남으로 돌아가기로 마음먹은 것이다.

꾸옥은 동료 팜 반 동 등과 함께 중국 구이린을 떠나 베트남으로 향했다. 30년 전 사이공에서 배를 타고 도망치듯 빠져나간 후로 처음으로 조국 베트남에 발을 들여놓는 길이었다. 그리고 그는 정체를 감추기 위해 새로운 가명을 쓰기 시작했다. 그 이름이 바로 호치민(胡志明, 뜻을 밝힌다는 뜻)이다. 그때부터 호치민은 응엔 아이 꾸옥이라는 오랫동안 사용하던 이름을 버리고 쭉 호치민이라는 이름을 사용하게 된다. 호치민은 베트남 중에서도 혁명에 동조하는 주민들이 살고 있으며, 위급할 경우 중국으로 피신할 퇴로를 만들 수 있는 장소를 물색했다. 바로 중국 국경에서 멀지 않은 베트남의 작은 마을인 팍 보였다.

중국 국경으로부터 팍 보 마을까지의 거리는 불과 60킬로미터 남짓이었다. 그림같이 아름다운 풍경이 펼쳐진 여행길이었지만, 산속의 깊은 냇물과 험준한 바위와 빽빽한 밀림을 통과해야 했기 때문에 몹시 힘이 들었다. 호치민 일행은 감시를 피하기 위해 줄곧 바위 사이로 난 구불구불한 길을 따라 밀림을 헤치며 걸어야 했다. 하지

만 그토록 오랫동안 그리워하던 조국으로 돌아가는 길이었다. 호치민은 벅찬 가슴으로 힘든 줄도 모르고 한 발 한 발 나아갔다.

호치민 일행은 팍 보의 한 동굴에 숙소를 정했다. 바위 뒤의 절벽에 뚫려 있는 동굴이었다. 그토록 그리워하던 조국 베트남에 돌아오기는 했지만 팍 보의 동굴 생활은 엄혹했다. 호치민은 동굴 안에서 나뭇가지를 엮어 만든 잠자리에서 잤는데, 아침에 일어나면 억센 나뭇가지 때문에 등에 시퍼런 멍이 들어 있곤 했다. 동굴은 몹시 춥고 습도도 높았다. 밤새도록 모닥불을 피워 놓곤 했지만, 추위를 몰아낼 수 있는 정도는 아니었다. 그래서 추위를 견디다 못해 밤새 잠을 이루지 못하고 모닥불 주위에 둘러앉아 있는 날도 많았다. 그럴 때면 호치민은 전쟁과 혁명을 이겨낸 많은 사례들을 이야기하면서 동시에 곧 베트남의 전쟁이 결정적인 단계에 들어서고 혁명에 유리한 때가 올 거라고 예견했다. 그리고 현재의 정치적 상황을 이렇게 얘기했다.

"프랑스는 독일에 패배하고 프랑스 식민지는 일본에 항복했다. 그래서 프랑스는 일본이 베트남 약탈 정책을 계속하는 것을 전면적으로 지지하고 있다. 이제 총봉기의 깃발을 올려야 할 때가 임박했다."

동굴 생활은 호치민의 건강에 매우 좋지 않았지만, 호치민은 불평 한마디 없이 동굴에서의 생활을 견뎌 냈다. 뿐만 아니라 그는 평소 습관대로 아침에 일찍 일어나 냇물에 목욕을 하고 운동을 한 뒤

일에 몰두했다. 그러면서도 늘 경계를 게을리 하지 않았다. 국경 순찰대가 자주 파견되었으며, 지역 경찰도 수시로 팍 보 마을을 순찰했다. 때문에 호치민은 늘 신변에 위협을 느껴야만 했다. 호치민 일행도 늘 체포의 불안함에 시달리기는 마찬가지였다. 호치민은 늘 동료들에게 체포되었을 때를 대비해 주의를 주곤 했다. 비밀을 유지하고 3무(無)를 잊지 말라고 말이다. 3무란 당원이 낯선 사람을 만났을 때나 체포되었을 때 행해야 할 다음과 같은 행동 양식이었다.

‘나는 아무것도 보지 못했다. 나는 아무것도 듣지 못했다. 나는 아무것도 모른다.’

또한 그는 동료들의 혁명 의식을 강하게 만드는 데 노력하면서 이렇게 역설했다.

“적과 우리 사이에는 생명을 건 싸움이 벌어지고 있다. 우리는 모든 역경을 견디고, 최악의 어려움을 이겨 내고, 끝까지 싸울 수 있어야 한다.”

다시 체포되다

1941년 5월 10일, 팍 보에서 인도차이나 공산당 전체 회의가 열렸다. 많은 대표들이 참석했지만, 팜 반 동과 보 응우옌 지압은 아직 중국에서 국외 본부를 유지하며 그곳에 머물러 있었다. 전체 회의에서 호치민은 당의 임무 중 가장 중요하고 우선시되어야 하는

것이 일본과 프랑스 파시즘에 대한 저항과 베트남의 독립이라는
점을 분명히 했다. 즉, 공산주의의 지상 과제인 계급 혁명이나 토지
혁명 등의 일보다 민족 혁명이 우위에 선다고 못 박았던 것이다. 호
치민이 공산주의자라기보다는 민족주의자라고 말하는 편이 옳다
는 판단은 이런 사실에 근거하고 있다. 그는 공산주의를 목적이라
기보다는 수단으로 활용한 사람이라고 보아야 옳을 것이다.

호치민은 또 이 민족 해방 혁명을 위해서는 통일된 혁명 세력을
구축해야 한다고 생각했다. 그래서 인도차이나 공산당은 호치민의
제안에 따라 새로운 베트민 전선을 수립하기로 합의했다. 새로운
베트민 전선의 강령은 베트남 혁명의 새로운 단계를 상징하는 것
이었다. 이제 전면에 나서서 프랑스 식민지 체제와 일본 점령군으
로부터 민족을 해방하기 위한 투쟁을 감행할 때가 오고 있다는 뜻
이기도 했다.

당 전체 회의 후, 당 지도부는 각자 맡은 바 일을 수행하기 위해
흩어졌다. 호치민은 당분간 팍 보에 그대로 머물기로 했다. 그는 거
기서 당 간부들의 교육을 담당하고, 그들이 투사이자 혁명가가 되
는 데에 필요한 군사 훈련을 받게 했다. 또한 지역 주민들에게 문자
교육도 실시했다. 호치민은 늘 베트남의 문맹률이 지나치게 높은
것을 마음 아파했다. 무지는 탈식민지화의 가장 큰 걸림돌 중의 하
나라고 생각했기 때문이다.

또 당 지도부 중 일부는 하노이로 돌아가 당 중앙위원회 본부를
건설했고, 일부는 비엣 박 지방으로 가서 혁명 기지를 건설하기 시
작했다. 비엣 박은 베트남 북부에 자리 잡은 산악 지대로 당 본부
가 있는 하노이와 그리 멀지 않은 곳이었다. 비엣 박의 새로운 혁명
기지는 육중한 붉은 바위들로 둘러싸인 작은 분지에 자리 잡고 있
었다. 그 때문에 새로운 혁명 기지에는 '빨간 벽돌집'이라는 별명이
붙었는데, 본부는 산의 사면에 있는 작은 오두막이었으며, 오두막
을 둘러싼 빽빽한 밀림의 보호를 받고 있었다. 새로운 본부는 아직
엉성했지만, 팍 보의 동굴에 비하면 사치스럽다 할 만했다.

1942년 1월 무렵, 호치민은 낡고 색이 바랜 옷을 입은 차림으로
팍 보를 떠나 비엣 박의 새로운 베트민 기지로 걸어갔다. 그리고 비
엣 박에 도착하자마자 지역 간부들을 위해 새로운 정치 훈련 강좌
를 시작, 본격적인 혁명 준비에 들어갔다. 강좌는 비밀을 유지하기
위해 주로 밤에 시행되었지만, 늘 적에게 노출될 것을 걱정해야 했
다. 몇 번이나 프랑스 순찰대를 피해 숨어야 했고, 때로는 식량을
구하기 위해 옥수수, 쌀, 야생 바나나 같은 먹을거리들을 찾아 헤매
기도 했다.

1941년 12월 7일. 일본군은 진주만의 미군 기지와 홍콩에 있는
영국의 주력 기지에 기습 공격을 개시했다. 미국과 영국의 공격력

을 무력화시켜서 일본의 압도적인 극동 아시아 정복에 반박할 수 없게 만들기 위해서였다. 일본의 기세는 점점 더 험악해져 갔고, 인도차이나의 상황은 더욱 더 급박해져 가고 있었다. 이에 각 지역에서 베트민 게릴라들이 활동을 강화하게 되었고, 식민지 당국의 진압 활동 또한 더욱 드세졌다. 당국은 비엣 박 남쪽 지방 전역에 통행 금지를 실시하고, 저항 세력들을 소탕하기 위해 순찰대를 보냈다. 호치민은 체포를 피하기 위해 또 한 번 비엣 박을 떠날 수밖에 없었다. 그는 1942년 6월, 무당으로 변장해서 비엣 박을 떠났다. 그는 무당들이 입는 검은 가운을 입고 주문이 적힌 책, 향, 살아 있는 닭(무당들이 병을 고치는 데 닭을 이용했기 때문이다) 등 소도구까지 완벽히 갖춘 다음 적의 검문소를 힘겹게 통과하여 겨우 팍 보로 돌아왔다.

혁명을 위한 베트남 내부의 준비 상황이 어느 정도 자리를 잡아가기 시작할 무렵, 호치민은 국제적 지원을 확보하는 일에 눈을 돌렸다. 그는 1942년 8월 동료 한 명과 함께 중국을 향해 길을 떠났다. 호치민은 중국 기자 행세를 하며 걸어서 중국 국경을 넘었다. 그리고 국경을 넘은 지 얼마 안 되어 중국 징시에서 경찰에 체포되었다. 호치민의 소지품에서는 호치민이 '반침략 동맹 베트남 지부'라는 단체의 대표라는 신분증이 나왔다. 지역 경찰은 호치민의 신분을 의심해서 곧 징시의 국민당 감옥에 가두었다. 이미 얘기했듯, 중국 국민당은 공산주의 활동가를 탄압하고 있었다.

감옥은 시설이 엉망이었다. 죄수들은 수갑을 차고 있어야 했고, 밤에는 이가 들끓는 감방에 족쇄로 묶여 있었다. 식사는 밥 한 그릇, 물은 반 대야가 전부였는데, 이 물로 목을 축이고 세수도 해야 했다. 죄수들의 반은 얼고 반은 굶주린 상태였다. 호치민은 불안했다. 과연 풀려날 수 있을는지 이번에는 확신하지 못했다. 그리고 시간이 날 때마다 시를 쓰며 불안한 당시 심정을 달래곤 했다. 그때 쓴 시들은 대개 4행의 한시였다.

석광음

맑은 하늘은 제멋대로 영웅을 좌절하게 만드니,
8개월이나 형틀에서 허송세월 했구나.
애석하구나, 척벽(尺璧: 지름이 한 척이나 되는 귀중한 보석)보다 귀한 시간이여!
언제 감옥에서 벗어날 수 있을지 알 수가 없구나.

먼 훗날 이 시들은 『옥중일기』라는 제목으로 출간되는데, 여기에는 호치민의 당시 심경과 고통이 고스란히 드러나 있다.

호치민은 1942년 10월 징시의 감옥에서 더바오라는 곳으로 이송되고, 다시 텐둥과 룽안을 거쳐, 구이린 방향으로 200킬로미터 가까이 떨어진 난닝으로 이송되었다. 14개월 동안의 잦은 이송과 오랜 감금 생활은 호치민의 건강에도 나쁜 영향을 끼쳤다. 그가 수감되었던 감옥만 무려 18개였다. 그는 몸이 바짝 여위고 온몸은 종기로 덮였으며, 머리는 하얗게 세고, 이도 빠지기 시작했다. 하지만 그는 결코 절망하지 않았다. 다음과 같은 시를 보면 그 당시 건강이 좋지 않았음에도 결코 낙담하지 않았던 호치민의 의지를 볼 수 있다.

병중

중국의 변덕스러운 날씨 때문에 몸이 병들어,

마음도 고통스러우니, 고향 베트남의 옛 산하가 그립구나.

옥중에서 병이 드는 것은 얼마나 비참한 일인가.

마땅히 울어야 하지만, 나는 크게 노래만 부른다.

자유의 몸으로 해방구를 건설하다

호치민의 체포 소식이 전해지자마자 인도차이나 공산당 지도부는 호치민 석방에 온힘을 쏟았다. 그들은 UPI, 로이터, 타스 등 주요 통신사에 이 사실을 알리고 중국 정부에 호치민의 석방에 대한 압력을 넣어줄 것을 요청했다. 타스 중국 지사에 보낸 전문에서는 호치민에 대해 '국제 반침략 동맹 베트남 지부의 지도적 인물'이며

‘베트남으로부터 큰 존경을 받는 인물’이라고 묘사하고 있었다. 또 한편으로는 중국 정부에 직접 호치민을 석방해 줄 것을 요청하기도 했다.

이때 호치민은 구이린과 류저우 지방의 감옥을 왔다 갔다 하면서 축구공 신세가 되어 있는 상황이었다. 하지만 여기서는 정치범으로 조금 나은 대접을 받을 수 있었다. 신문이나 책을 읽는 것도 허용되었고, 약간의 운동도 가능했으며, 이발과 목욕도 허락받았다. 그는 감옥 안에서 정중하고 조용한 학자의 모습을 하고 사람들에게 ‘호 아저씨’라는 친근한 느낌이 드는 별명으로 불렸다.

호치민은 1943년 9월에 석방되었다. 하지만 남아 있는 기록으로는 어떤 과정을 거쳐 그가 석방되었는지는 분명치 않다. 이는 호치민과 그의 동료들이 모두 호치민을 체포한 측에 협조를 약속함으로써 감옥에서 나왔기 때문일지도 모른다. 이는 호치민이 석방된 직후 자신을 석방시킨 장 파쿠이 장군이 설립한 베트남 혁명 동맹회에서 활동하기 시작한 것으로 미루어 짐작 가능하다. 하지만 일반적으로 동맹회라고 알려진 베트남 혁명 동맹회는 열광적인 반공산주의자는 물론 친일파와 확실한 반베트민주의자들도 끼어 있었다.

당연히 호치민은 이 동맹회에서 오래 활동하지 않았다. 호치민은 감옥의 수감 생활을 포함한 오랫동안의 중국 생활을 접고 베트남으로 돌아가기로 마음먹었다. 그리고 1944년 9월, 그립던 베트남의 팍 보 마을로 걸어서 돌아갔다.

한편, 호치민의 동료들은 인도차이나 북부 전역에서 혁명 운동 기지를 확대하려고 노력했다. 1942년과 1943년 초, 베트민 간부들은 게릴라 기지들을 건설하면서 전선의 정치적 영향력을 확장해 나갔다. 1944년 8월, 보 응우옌 지압이 이끄는 소규모 기습 부대들은 그 자신이 표현한 대로, '눈사태'처럼 전진하여 새로운 기지들을 형성하고, 특히 북부 산악지대로 그 무대를 넓혀 갔다. 프랑스의 대게릴라 진압 작전이 큰 성공을 거두지는 못했지만, 이는 오히려 게릴라 세력들이 저항 기지에 집중되어 안전한 비밀 세포를 만드는 데 도움이 되었다. 비밀 세포를 기르는 노력은 훗날 혁명의 기운이 급속하게 퍼지게 하는 데 큰 역할을 하게 되는데, 북부 산악지대뿐 아니라 베트남 중부와 남부의 농촌 지역에서도 비슷한 성장이 보이기 시작했다.

인도차이나 공산당은 1944년 7월, 모임을 열고 해방구를 만들기 위해 전쟁을 시작하자는 보 응우옌 지압의 제안을 논의했다. 이후 지압은 돌아온 호치민에게 이 회의에서 논의된 사항들을 보고했다. 호치민은 모든 힘을 동원해 총봉기를 일으킨다면 더 큰 후퇴를 겪을지도 모른다고 생각했다. 혁명의 기운은 점점 더 고조되어 가고 있었지만, 전국 어디서도 무장 투쟁을 시작할 만한 역량은 없다고 판단했던 것이다. 베트남은 프랑스라는 적에 대항하는 동시에 일본에 대항해 장기전을 펼칠 각오를 해야 했기 때문이다. 호치민은 모든 일을 냉정하게 판단하고 현실적으로 가능할 때에만 추진하는 실용주의자의 면모를 보여 준 것이다. 호치민은 오랜 고민 끝에 결론을 내렸다.

"평화 혁명의 단계는 지나갔고 이제 서서히 힘으로 일어서야 할 때이지만, 아직 총봉기의 때는 오지 않았다."

호치민은 대신 미래 군대의 싹이 될 단위를 만들자고 제안했고, '베트남 해방군 선전대'라는 조직을 만들어 조직적인 군사 훈련을 하기 시작했다.

지압은 그 길로 박 손 지역의 기지로 돌아가 '베트남 해방군 선전대'를 조직했다. 선전대가 조직되자마자 호치민은 보 응우옌 지압에게 축하 메시지를 보냈다. 보안을 위해 담뱃갑에 감춘 아주 작은 종이에 쓰인 메시지였다.

"베트남 해방군 선전대를 수많은 형제의 만형이라 부릅시다. 곧 다른 부대들도 빛을 보게 되기를 바랍니다. 출발이 아무리 미약하다 해도 곧 눈앞에 밝은 미래를 보게 될 것입니다. 이 부대는 미래 해방군의 씨앗이며, 북에서 남에 이르기까지 베트남 영토 전체를 무대로 싸울 것입니다."

'베트남 해방군 선전대'는 1944년 12월 22일 첫 창설되었다. 선전대의 창설과 더불어 베트남의 혁명을 무장 부대가 형태를 잡아가기 시작한 것이다. 무장 선전대는 혁명 운동 최초의 정규군이었다.

바뀌는 국제 정세

1944년 후반기에 들어서면서부터 세계 전쟁에서 연합군이 승리하는 것은 시간문제로 보였다. 미군은 일본 본토를 향해 가차 없이 밀고 들어갔으며, 수많은 폭격기들이 공습을 퍼부어 일본의 주요 도시들을 황폐하게 만들고 있었다.

인도차이나 내부 사정도 급박하기는 마찬가지였다. 1944년에는 거의 전국에 걸쳐 가뭄이 심하게 들었다. 이 때문에 쌀 수확량이 상당히 줄어 미곡상들의 매점과 투기가 극성을 부렸다. 일본 점령군 당국은 쌀을 일본으로 강제 수출하게 하고, 기근이 닥쳤음에도 곡물 창고를 개방해서 굶주림에 허덕이는 국민들을 살필 생각 같은 건 아예 하지 않았다. 겨울이 닥쳤지만 당국은 높은 세금을 그대로 거뒀고, 강제로 사들이는 쌀의 가격을 높여주지도 않았다. 절망에 빠진 농민들은 고구마 같은 대체 식물을 심기 시작했지만, 식량은 금세 바닥났다. 생필품의 가격이 급등하자, 도시 지역에서도 기근 현상이 두드러지게 나타나기 시작했다.

한겨울이 되자 수천 명이 굶주림에 지쳐 힘들어 했고 실제로 굶어 죽는 사람들이 속출했다. 농민들은 초근목피로 겨우 연명했으며, 도시 지역 사람들은 가재도구를 팔아 엄청나게 값이 오른 쌀을 사야 했다. 큰길가에는 굶어 죽은 사람들의 시체가 나뒹굴기 시작했고, 많은 사람들이 먹을 것을 구걸하며 정처 없이 떠돌았다.

베트민은 이때 즈음하여 활동을 시작했다. 겨울 동안 베트민 활동가들은 점령군 당국의 창고를 습격하여 그곳에 쌓인 곡물을 가난한 사람들에게 나누어 주었다. 하지만 그 정도로 베트남 전역에 퍼진 기근을 해결할 수는 없는 노릇이었다. 결국 굶어 죽는 사람들의 숫자는 수십만으로 늘어났고, 농가에는 시체들이 방치되기에 이르렀다.

일본군은 베트남 국민들을 수탈하는 것에 그치지 않고 베트남 내에서 쿠데타를 일으켰다. 이른바 1945년 3월 9일 '메이 작전'.

3월 9일 아침, 일본군은 인도차이나의 프랑스 당국과 군대를 불시에 공격했다. 일본군의 기습 공격에 놀란 프랑스 군대는 제대로 한 번 싸워 보지도 못하고 24시간 만에 인도차이나 내의 모든 권력을 일본에 넘겨 주었고, 일본군은 프랑스 군대와 관료들을 감금했다. 이후 일본군의 인도차이나 점령은 5개월간 지속된다.

또 일본은 자신들의 꼭두각시인 바오다이 황제를 내세워 베트남에 제국 정부를 세웠다. 호치민은 이를 두고 "일본의 파시스트 하이에나들이 마침내 프랑스 제국주의의 이리들을 잡아먹은 셈이 되었다"라고 말했다. 베트남에 대한 식민 지배의 주체만 바뀌었을 뿐, 베트남은 여전히 식민지에 불과했던 것이다. 바오다이 제국은 정국을 장악하지 못했으며, 베트남 전역에 걸친 기아는 여전히 계속되었다.

게다가 인도차이나 상황에 급격한 변화를 가져올 수 있는 일이 또 있었다. 1945년 7월 말부터 8월 초에 열린 포츠담 회담의 결정!

포츠담 회담에서 연합국은 인도차이나를 두 지역으로 분할하자고 결의했다. 점령을 용이하게 하기 위해서였다. 일본의 쿠데타 이후 프랑스 식민 정부는 사실상 통치 능력이 없었고, 현지의 프랑스군은 유폐 상태였다. 따라서 몇몇 연합국 군대가 베트남을 점령한 다음 치안을 확립하고, 일본군을 무장 해제시키기로 했다. 그래서 연합국은 베트남을 둘로 나누어 북위 16도선까지는 중국 군대가 주둔하고, 그 이남에서는 영국군이 주둔하기로 했다.

하지만 연합국은 이 작전이 성공한다면 베트남을 다시 프랑스 손에 넘겨주기로 합의했다. 베트남의 주권이 프랑스에 있음을 국제적으로 인정한 꼴이니 호치민을 비롯한 모든 베트남 인들은 가슴을 치며 눈물을 흘릴 일이었다. 프랑스 대신 일본이 들어오고, 일본이 나가면 중국군과 영국군이, 그리고 그 이후에는 다시 프랑스군이 베트남을 지배하게 되는 것이니 말이다. 이대로 두다가는 그렇게 바라던 베트남의 독립은 영원히 쟁취할 수 없을는지도 모를 일이었다.

이에 인도차이나 공산당은 당 위원회를 소집해서 인도차이나의 상황을 논의했다. 위원회는 일본의 쿠데타로 인한 정치적 위기, 심한 기근, 또 일본군을 몰아내기 위한 연합군의 인도차이나 진입 가능성 등을 고려해 이제 본격적인 무력 투쟁에 나서야 한다는 결론을 내렸다. 그래서 인도차이나 공산당은 빠른 시간 내에 당 전체 회의와 전국 베트민 대표자 회의를 열기로 결의했다.

이렇게 급박한 시기에 호치민의 건강 상태는 상당히 나빠져 있었다. 그는 불과 54세였지만, 중국 감옥에 갇혀 있는 동안 걸렸던 결핵이 채 낫지 않은 상태였다. 호치민을 보는 사람마다 쇠약해진 그의 건강을 걱정했지만, 그는 고집스럽게 일을 계속했다. 보 응우엔 지압은 당시의 호치민을 이렇게 묘사했다.

"그의 건강은 상당히 악화되었다. 그는 병에 걸렸고, 열이 높은데도 며칠 동안 계속해서 일을 했다. 나는 매일 보고를 하러 갈 때마다 그의 상태가 걱정스러웠지만, 정작 그는 늘 '곧 나을 걸세. 어서 이야기나 해보게'라며 일하기를 고집했다. 하루는 열이 너무 높아진 그가 정신을 잃었고, 간이침대에 누워 몇 시간이나 혼수상태에 빠져 있었다.

사람들은 호치민을 친근한 느낌이 드는 '호 아저씨'로 부르곤 했다. 호 아저씨는 정신이 맑아질 때마다 당면한 일 얘기를 했다. '상황은 우리한테 유리하네. 무슨 일이 있어도 독립은 쟁취해야 하네. 중앙 산맥 전체에 불이 붙는다 해도, 우리는 어떠한 희생이라도 각오하고 앞으로 나가야 하네.' 라면서 말이다.

그 순간에는 그가 나에게 자신의 마지막 생각들을 털어놓는 것이라고 생각하지 못했다. 하지만 나중에 생각해 보니, 그가 자신의 몸이 몹시 약해진 것을 알고 유언을 남기고 있었다는 것을 깨달았다. 밤새도록 정신이 맑아졌다가 다시 혼절하는 일이 되풀이되었다."

지압의 말처럼 호치민은 한동안 심한 병을 앓았지만 결국 자리에서 일어났다. 그리고 완전히 몸이 회복되기 전부터 다시 세계정세를 꼼꼼히 챙겼다. 미국 샌프란시스코에서 국제 연합, 즉 UN이 창설되고, 소련이 반일 전쟁에 참여하기로 했으며, 일본 나가사키에 원자 폭탄이 투하되는 등 종전은 눈앞으로 다가오고 있었다.

앞서 말했듯, 인도차이나 공산당은 급하게 돌아가는 정세를 두고 전체 회의를 열었다. 호치민은 일본이 항복하면 그 즉시 독립을 얻어야 한다고 주장했다. 다시 말해, 그때를 즈음해서 총봉기를 일으켜야 한다는 것이었다. 일부 당 지도자들은 혁명군이 아직 무력 투쟁을 하기에는 그 힘이 미약하다는 이유로 반대하기도 했다. 베트남 해방군은 그 규모가 5,000명 정도였는데, 그 정도로는 일본군을 상대할 수 없다는 이유에서였다. 그러나 호치민은 일본군 대신 들어올 게 분명한 연합군을 유리한 위치에서 상대하려면 스스로 권력을 장악하려는 시도를 해야 한다고 거듭 설득했다. 만일 베트남 내의 모든 권력을 장악하는 것이 불가능하다면, 외국군이 도착하기 전에 여러 지역을 손에 넣어 장기전을 준비해야 한다는 것이었다.

결국 호치민의 뜻대로 당 전체 회의에서는 총봉기를 결정하기에 이르렀다. 그리고 즉시 모든 부대에 명령을 내렸다.

"전국의 병사와 애국자들에게 총봉기의 때가 왔음을 알린다. 우리 군대와 베트남 국민에게 민족의 독립을 되찾을 중요한 기회가 찾아왔다. 우리는 모든 힘을 내는 동시에 매우 신중한 태도로 즉시 행동에 나서야 한다. 조국은 우리에게 큰 희생을 요구하고 있다. 완전한 승리가 곧 우리 손안에 들어올 것이다."

통일 베트남의 건설

독립 선언

나는 인내하고 기다려 왔다.

한 걸음도 뒤로 물러서지 않았다.

몸은 힘들었지만,

내 정신은 흔들리지 않았다.

호치민 「다행히도」, 『옥중일기』 중에서

8월의 소용돌이

1945년 8월 15일.

드디어 아시아에서 총성이 멎었다. 일본이 무조건적으로 항복한

것이다.

이 소식이 인도차이나에 전해지자마자, 베트민 전선 지도자들은 곧 전국 인민 대회를 소집했다. 이 자리에서 호치민을 비롯한 모든 대표들은 민주적 자유와 온건한 정책에 기초한 독립 베트남 민주주의 공화국을 건설하여 경제와 사회의 정의를 이루어 나갈 것을 촉구했다. 또 총봉기를 지도하고 임시 정부 역할을 하게 될 '민족 해방 위원회'를 구성했다. 호치민이 민족 해방 위원회의 위원장이 되었다. 대회는 빨간색 바탕에 황금별이 새겨진 새 국기와 새 국가를 표결로 결정했다. 다음날 아침, 호치민은 '인민에게 보내는 호소문'을 발표했다.

"우리 민족의 운명을 결정할 시간이 다가왔다. 우리 자신을 해방하기 위해 우리 모두 온 힘을 모아 일어서자! 전 세계의 수많은 압박받는 민족들이 독립을 얻기 위해 다투어 나서고 있다. 전진! 전진! 베트민 전선의 깃발 아래 용감하게 전진하자!"

드디어 조국 베트남의 독립을 위한 총력 투쟁의 깃발을 드높이 세워 흔들기 시작한 것이다.

총봉기의 유리한 여건 중 하나는 바로 그 전해 겨울부터 베트남 북부와 중부에 계속된 기근이었다. 3월 일본의 쿠데타 이후 들어선 바오다이 황제는 비록 일본의 꼭두각시이긴 했지만, 베트남에 불어 닥친 기근의 위기를 헤쳐 나가고자 나름대로 노력하였다. 물가 상한제를 실시하고, 운송 시설을 개선해 남부에서 중부나 북부로 수송되는 곡물을 늘려 위기를 막아 보려 했다. 빈곤층에 곡식을 공급하기 위한 기근 구제 협회들도 결성되었다. 그러나 여전히 관료이건 농민이건 실제로 바오다이를 지지하는 사람들은 없었다. 하지만 이번에는 또 베트남에 한여름의 호우가 몰아닥쳤다. 결과적으로 그해 전반기에만 북반부의 인구 1백 만 명 가운데 거의 10퍼센트가 기근으로 사망했다. 베트남 국민들이 베트민 혁명세력에 기대를 걸 수밖에 없는 상황이 전개되었던 것이다.

보 응우옌 지압이 이끄는 베트남 해방군이 드디어 빨강 바탕에 황금별이 새겨진 깃발을 앞세우고 출정하기 시작했다. 봉기 세력은 몇 군데에서 일본군의 저항을 받았지만, 이미 항복한 일본군 따위를 겁낼 베트남 해방군이 아니었다. 베트남 해방군의 발길이 닿는 곳마다 그들을 환영하는 대규모의 대중 시위가 벌어졌고, 봉기 세력은 점차 그 힘을 하노이로 결집시키기 시작했다.

도시 지역의 경제적 조건 또한 봉기에 유리하게 돌아가고 있었다. 지난 2년간 산업 생산은 급격하게 줄어들었고, 인플레이션(화폐 가치가 하락해 물가가 지속적으로 상승하는 현상)이 극심했다. 생계비는 무려 30배 이상 상승해 있었고 식량도 절대적으로 부족했다. 살인적인 물가에다 먹을 것도 부족해지자 도시의 대다수 사람들이 베트민 혁명 세력을 지지하기 시작했다. 심지어 일부 사람들은 앞날을 대비해 베트민이 발행하는 '혁명 채권'을 사기도 했다.

혁명의 깃발을 높이 올려라

8월 15일, 일본이 항복한 바로 다음날인 16일 밤.

베트민 혁명은 어둠 속에서 조용하게 시작되었다. 하노이 사람들은 숨을 죽이고 자신들의 새로운 운명을 기다리고 있었다. 하노이 도심은 공습에 대비해 가로등을 검은 천으로 가려 놓아 어둠이 가득했다. 이따금 호텔이나 레스토랑에서 새어 나오는 불빛만이 긴장하고 있는 하노이의 숨결을 비추고 있을 뿐이었다. 괴괴할 정도로 고요하던 거리에 갑자기 권총 소리가 귀를 찢을 듯 날카롭게 울려 퍼졌다. 그리고 베트민군의 한 분대가 시내의 한 영화관에서 짧게 혁명의 시작을 알리는 연설을 했다.

17일 오후.

하노이 도심에 있는 프랑스풍의 화려한 시립 극장 안. 베트민 해방군을 지지하는 대중들의 구호가 울려 퍼지기 시작했다. 그들은 그곳 발코니에 걸린 허수아비 바오다이 황제의 국기를 내리고 대신 붉은 바탕에 황금별이 박힌 베트민 기를 내걸었다. 베트민 지도자는 건물 앞에 세워진 연단에 올라가 봉기를 지지해 줄 것을 호소했다. 그날은 심한 폭풍우가 하노이를 집어삼킬 듯 퍼붓고 있었는데, 군중들은 줄을 지어 바오다이 정부의 의사당으로 진출했다.

18일 저녁.

민족 해방 위원회 위원들이 작전을 지휘하기 위해 조용히 하노이로 들어왔다. 이어 다음날 새벽에 몽둥이, 칼, 낡은 화기들을 손에 든 시위자들이 하노이로 속속 모여들었다. 이들은 주로 노동자, 학생, 농민들이었다. 남자들은 허름한 갈색 셔츠에 고무 샌들 차림이었고, 여자들은 비슷한 갈색 블라우스에 머릿수건을 쓰고 맨발인 경우가 대부분이었다. 거리에는 그들이 들고 온 붉은 깃발의 물결이 나부꼈다.

모여든 사람들은 시립 극장 앞으로 집결해 그곳에서 기념식을 가졌다. 독립 투쟁을 위해 죽어 간 사람들을 추모하는 묵념을 하고 뒤이어 새로운 국가를 연주했다. 그리고 군중은 몇 개의 대열로 나뉘어 각각 시청, 경찰 본부, 의사당 등 전략적 요충지로 행진했다. 해방군은 대부분 아무런 저항도 받지 않았지만, 일부는 바오다이 정부군과 일본군의 마찰을 겪기도 했다. 하지만 전투는 벌어지지 않았고, 일본군의 저항은 곧 수그러들었다. 해질 무렵, 민족 해방 위원회 혁명 세력은 거의 피를 흘리지 않고 평화적으로 하노이를 손에 넣은 것이다.

베트민은 다른 지역으로 승리를 알리는 메시지를 보내면서 이후 행동에 대한 지침을 내렸다.

"가능하면 하노이에서처럼 행동하라. 그러나 일본군이 저항하면 단호하게 공격하라. 어떤 대가를 치르더라도 권력을 장악하는 것이 중요하다."

소용돌이가 몰아친 1945년 8월의 며칠간 벌어진 사건들은 그동안 경제적 궁핍과 일본의 군사점령에 시달려 온 하노이 주민에게는 놀라운 경험이었다. 일본 경찰의 제재가 없는 상황에서 군중들은 깃발을 높이 흔들며 독립을 요구하는 구호를 마음껏 외쳤다. 대다수 사람들은 이제 전쟁이 끝나고 프랑스 인을 내쫓고 오로지 베트남 국민으로 살아갈 수 있으리라는 기대에 차 눈물을 흘렸다.

하노이의 소식은 금세 베트남 북부 전역으로 퍼졌다. 다른 지역에서도 베트민 해방군은 일본군의 미지근한 저항을 쉽게 물리쳤으며, 수많은 마을에서 거의 아무런 압력도 받지 않고 권력을 장악했다.

8월 22일.

베트남 북부 통킹 지역 전역에서는 어디서나 황금별이 박힌 붉은 깃발을 볼 수 있게 되었다. 하지만 북부와 달리 베트남 중부 지방은 사정이 좀 달랐다. 중부 여러 지역에서는 베트민이 제대로 조직되어 있지 않았던 것이다. 때문에 인원을 충원하고 보급품을 확보하는 일이 그리 쉽지 않았다. 그래서 해방군은 중부 지방 중에서도 바오다이 제국의 수도 후에에 혁명 세력을 집중시키기로 했다. 베트민은 후에 주변 마을의 권력을 먼저 장악하고 농민 의용군을 조직했다. 결국 8월 22일에는 10만 명 이상이 후에에 모여들었고, 민족 해방 위원회가 권력을 장악했다. 하노이에서처럼 바오다이 정부나 일본군과의 대립은 거의 없었다.

한편, 베트남의 남부 코친차이나 지방에도 하노이의 8월 혁명 소식이 전해졌다. 그러자 혁명은 좀 더 순조로워졌다. 해방군은 여기서도 많은 피를 흘리지 않고 주요 기관과 기업들을 장악할 수 있었다. 농민 수천 명이 시위대를 조직해 '제국주의 타도', '프랑스 식민주의자 타도', '베트남을 베트남 인에게', '모든 권력을 베트민으로' 등의 구호를 외쳤다. 곧 도시 대부분이 혁명 세력의 수중에 들어왔다. 거리에서는 베트남 인과 유럽인 사이에 몇 차례 폭력적인 충돌이 일어났지만 큰 전투는 벌어지지 않았다.

독립 선언

혁명의 불꽃이 베트남 전역에서 타오르는 동안, 호치민은 하노이에서 60킬로 정도 떨어진 탄 차오의 게릴라 기지에 머물면서 전세를 살펴보고 혁명의 큰 줄기들을 지도하고 있었다. 동시에 앞으로 다가올 도전에 대비한 대비책을 생각하고 있었다. 그러다 8월 22일, 걷기도 하고 자동차와 나룻배를 타기도 하면서 하노이로 들어왔다. 호치민은 아직 병에서 완전히 회복되지 않은 상태였다. 때문에 가끔 들것에 실려 이동을 해야만 했다.

이때 호치민의 나이는 55세였다. 호치민은 하노이에 도착하자마자 중국인 거리의 한 건물에 숙소를 잡은 뒤 곧바로 일을 시작했다.

당 상임위원회 회의를 소집한 자리에서 호치민은 임시 정부 구성 문제를 거론했다. 그 요지는 민족 해방 위원회가 임시 정부의 역할을 맡을 것이며, 새로운 정부의 구성은 민족 독립을 선언하는 대중 집회 자리에서 발표해야 한다, 또한 이 모든 일은 연합군이 도착하기 전에 끝내야 한다는 것이었다. 베트남 국민의 폭넓은 지지와 함께 연합국과의 협상에서 유리한 위치를 선점해야 한다는 생각에서였다. 호치민은 숙소의 어둡고 작은 방에서 새로운 독립 베트남 민주공화국의 독립 선언문을 직접 작성했다. 선언서 초안을 다듬고 또 다듬으면서 가장 행복한 기분을 만끽했다고 그는 나중에 동료들에게 털어놓았다.

또한 호치민은 바오다이 황제에게 대표단을 보내 퇴위를 요구했다. 누가 보더라도 꼭두각시 황제 바오다이의 역할은 끝이 났다. 바오다이 자신도 이미 각오하고 있던 일이었다. 바오다이는 새로운 정부 수립에 참여해 달라는 호치민의 초대에 간단하게 응한 뒤, 공화국의 보통 시민으로서 참여하겠다고 답했다. 바오다이는 성 앞에서 간단한 퇴위식을 가졌을 뿐이다. 성문에는 이미 황금별이 박힌 붉은 기가 휘날리고 있었다.

도심은 축제 분위기였다. 잦은 공습 때문에 가로등에 쳐놓았던 검은 천들도 벗겨졌고, 집과 상점들에는 새로운 붉은 깃발이 나부끼기 시작했다. 새로운 정부를 지지하는 대중 시위가 날마다 벌어지기는 했지만, 베트남은 점차 평온을 되찾아가고 있었다.

드디어 9월 2일.

베트남의 독립을 선언하는 날이었다. 하노이는 온통 붉은 깃발로 장식되었다. 깃발, 등불, 꽃의 세상이었다. 거리마다 리본 장식들이 나부끼고 있었는데, 거기에는 베트남어, 프랑스어, 영어, 중국어, 러시아어로 구호들이 적혀 있었다. '베트남 인을 위한 베트남', '프랑스 식민주의 타도', '호치민 주석 지지' 등등.

공장과 상점은 모두 문을 닫았다. 시장도 텅 비었다. 남녀노소를 가리지 않고 모든 시민이 거리로 쏟아져 나왔다. 사방으로부터 사람들이 화려한 색깔의 물줄기를 이루어 독립이 선언될 바딘 광장으로 흘러 들어왔다. 사람들은 호치민을 친근한 느낌의 호 아저씨로 부르기 시작했다.

하얀 셔츠에 파란 바지 차림으로 줄을 맞춰 들어오는 노동자들은 힘과 자신감이 넘쳤다. 시 주변으로부터 들어온 농민들의 숫자는 거의 수십만을 헤아렸다. 농민 가운데 여자들은 화려한 차림을 하고 있었는데, 일부는 구식 가운, 노란 터번, 연두색 허리띠를 두르기도 했다. 아이들이 가장 신이 났다. 아이들은 혁명가를 부르며 발을 맞추어 행진했다.

오후 2시가 조금 지났을 무렵, 호치민은 바딘 광장에 임시로 세운 연단에 올라섰다. 빛 바랜 카키색 양복이 그의 야윈 몸을 헐렁하

게 감싸고 있었다. 발에는 고무로 된 슬리퍼를 신은 차림이었다. 그는 연단에 오르자마자 고향 사투리가 분명하게 묻어나는 높은 음조의 목소리로 베트남의 독립을 선언했다. 호치민의 연설은 짧았지만, 듣는 이들 모두의 가슴속으로 파고들었다.

"'모든 인간은 평등하게 창조되었다. 그들은 창조주로부터 양도할 수 없는 권리를 부여받았다. 생존, 자유, 행복의 추구 등이 그러한 권리이다.' 이 불멸의 선언은 1776년 미합중국의 독립 선언문에 나오는 표현입니다. 이 말은 넓은 의미에서 지상의 모든 민족들은 날 때부터 평등하며, 모든 민족은 생존의 권리, 행복과 자유의 권리를 가지고 있다는 뜻입니다. 1791년 프랑스 혁명의 인권 선언문에는 또한 이런 구절이 나옵니다. '모든 사람은 자유롭게 평등할 권리를 가지고 태어났으며, 이 자유와 평등의 권리는 평생 유지되어야 한다.'"

이어 호치민은 베트남의 자유와 독립을 다시 한 번 확인하면서 마무리를 지었다.

"베트남은 자유와 독립을 누릴 권리가 있으며, 실제로 자유롭고 독립적인 나라가 되었습니다. 베트남의 국민은 모든 신체적·정신적 힘을 모으고, 자유와 독립을 위해 생명과 재산을 희생하겠다고 결의해야 합니다."

호치민은 연설을 하면서 군중을 바라보고 물었다.

"내 동포들이여, 알아들었습니까?"

　　그러자 수많은 사람들이 목청을 높여 ‘예’ 하고 대답했다. 호치민과 베트남의 모든 국민이 한마음 한뜻이 되는 순간이었다.

　　9월 3일, 베트남 민주공화국의 초대 주석 호치민은 첫 국무 회의를 주재했다. 회의에서는 막 독립 선언을 한 베트남의 안정을 위한 정책들이 논의되었고, 또한 프랑스의 재집권과 연합국 점령군에 대비한 무장력 강화에도 초점이 맞춰졌다. 그 중에서도 호치민은 베트남 국민들에게 가장 중요한 세 가지 문제를 먼저 선결해야 한다고 주장했다.

　　그 중 첫째는 심각한 굶주림이었다. 기근이 나라 전체를 황폐하게 만들고 있었다. 거기다 8월에 접어들면서 집중 호우가 내려 베트남 북부의 홍강 삼각주 저지대의 논이 물에 잠기면서 상황은 더욱 처참해졌다. 이 지역 대학 학생들은 매일 아침 길거리에 나가서 지난밤 동안 쌓인 주검을 처리해야 할 정도였다. 몇 주 동안 죽은 사람들이 수십만에 달했다. 대부분 굶어 죽은 사람들이었다.

　　새 정부는 기근과 싸우기 위한 일련의 임시 방안들을 마련했는데, 거기에는 소비를 줄여 식량을 아끼는 운동도 포함되어 있었다. 호치민은 모범을 보이기 위해 열흘에 하루씩 금식하겠다고 선언했다. 굶주릴 때의 한 줌은 배부를 때의 한 그릇과 같으니 그렇게 해서 모은 식량을 가난한 사람들에게 나누어 주자는 것이었다.

이후 몇 주간 정부는 쌀 소비를 줄이고 생산을 늘리기 위한 수많은 정책들을 추가로 제시했다. 먼저 북부와 중부에 있는 관개된 땅의 20퍼센트 이상에 달하는 공동 경작지는 18세 이상의 모든 주민에게 골고루 나누어 주었다. 농업과 관련된 세금은 줄였다가 완전히 폐지하였고, 농민이 쉽게 필요한 돈을 대출받을 수 있도록 농업 신용국을 열었으며, 북부와 중부의 경작되지 않은 땅들은 점차 농지로 전환되었다.

둘째, 호치민 주석은 베트남의 높은 문맹률을 거론했다. 1945년 9월 당시 베트남 국민들의 문맹률은 90퍼센트에 가까운 경악할 만한 수준이었다. 이것은 프랑스 식민 체제가 빚어낸 참혹한 결과였다. 전통적으로 베트남은 아시아에서 문자 해독률이 가장 높은 나라로 꼽혔다. 그런데 식민 지배를 거치면서 프랑스의 교육 정책이 이런 결과를 낳은 것이다.

호치민은 모든 베트남 인이 1년 이내에 꾸옥 응우(國語)를 읽고 쓰는 법을 배워야 한다고 말했다.

"아직 읽고 쓸 줄 모르는 사람들에게 이를 배우게 하라. 부모는 자식에게서 배우고, 부인은 남편에게서 배우고, 동생은 형에게 배우게 하라. 소녀와 여자들은 더욱 열심히 공부하게 하라."

곧 대중 교육을 위한 학교들이 문을 열고 어린아이에서 어른에 이르기까지 배우고자 하는 모든 사람들을 받아들였다. 그리고 사찰, 병원, 상점들이 학교 건물로 바뀌었다. 호치민은 베트남 국민들이 여전히 무지하다면 완전한 독립을 쟁취할 수 없을 거라고 생각했다. 이 계획은 곧 결실을 맺어 1946년 가을경에는 베트남 인 2백만 명 이상이 문맹에서 벗어날 수 있었다.

또한, 마지막으로 호치민은 민주적인 자유에 기초하여 공식 정부를 구성하기 위한 총선거 실시를 주장했다. 그래서 9월 8일, 베트남 민주공화국의 새로운 헌법을 제정하기 위해 두 달 뒤 제헌의회 선거를 실시할 거라는 내용이 발표되었다. 18세 이상의 모든 국민은 투표할 자격이 있었다.

이 외에도 새 정부는 세금을 줄이고, 노동 조건을 개선하고, 농지를 가난한 사람들에게 분배하는 등 베트남 국민의 삶을 향상시키는 데 모든 노력을 집중했다. 프랑스 식민 정부가 강제로 징수했던 토지세, 소금과 주류 제조에 대한 세금을 비롯해서 여러 가지 상업 관련 세금들을 즉시 폐지했고, 아편 소비와 강제 노역 관행은 공식적으로 금지되었다. 또한 8시간 노동제가 공포되었고, 고용주들은 피고용자를 해고할 때 사전에 통보하도록 했다. 농촌에서는 소작료가 25퍼센트 줄었으며, 모든 장기 채무가 탕감되었다.

그리고 새 정부는 다른 공산주의 국가에서 실시하는 산업의 국유화를 취하지 않았다. 그리고 부농의 토지를 몰수해서 가난한 농민에게 재분배하는 토지 개혁도 실시하지 않았다. 호치민이 이끄는 새 정부는 공산주의를 전면에 내세우지 않고, 민족주의적인 입장에서 주민 다수를 대표하는 온건한 개혁을 실행했던 것이다.

하지만 호치민은 정부와 당내의 급진파를 모두 제어하지는 못했다. 몇몇 지역에서는 농민을 착취한 혐의가 있는 부농이나 마을 유지가 계급 투쟁을 하려는 급진 공산주의자들에게 매를 맞거나, 체포되거나, 재판 없이 처형되는 일이 생기기도 했다. 호치민은 이러한 과격한 행동들의 자제를 진심으로 호소했다.

인도차이나의 간디

이렇게 호치민 주석이 베트남 국민들의 안정을 위해 다각도로 노력하는 와중에도 외세의 위협은 새롭게, 시시각각 다가오고 있었다. 1945년 7월, 포츠담 회담에서 연합국이 베트남을 이등분해서 북부는 중국군이, 남부는 영국군이 점령하기로 합의했던 대로, 중국군과 영국군이 베트남 영토로 진입해 들어온 것이다. 포츠담 회담 결과는 중국군과 영국군은 잠시 베트남을 점령해서 남은 일본군을 몰아낸 뒤, 베트남을 다시 프랑스에 돌려주려는 것이었기 때문이다.

게다가 중국군은 베트남에 막대한 영향력을 행사하고 싶어 하는 마음을 숨기지 않았다. 중국군은 베트남에 들어와 가능한 모든 것들을 수탈할 생각이었다. 호치민이 바딘 광장에서 읽을 선언문을 손질하는 동안 중국군은 이미 국경을 넘어 하노이로 들어오기 시작했다. 이들의 숫자는 거의 18만에 달했는데, 이들 부대는 베트남으로 들어오자마자 현지 징발을 구실로 모든 물자를 마음껏 약탈했다. 때문에 그렇지 않아도 어려운 베트남의 식량 사정은 더욱 어려워졌다.

이에 더해 남부 코친차이나 지방에서는 9월 12일의 선봉대 도착을 시작으로 영국군이 들어오고 있었다. 이들은 약탈도 하지 않고, 규율도 잘 지켰지만 문제는 다른 곳에 있었다. 북부의 중국군은 행동은 거칠었지만 치안을 베트민 부대에게 맡기는 등 최소한 베트남의 새 정부를 존중하는 듯한 태도를 보였지만, 영국군은 치안 유지나 일본군의 무장 해제 따위에는 관심조차 없었다.

영국군은 베트남을 프랑스 식민 체제로 되돌려 놓는 데만 관심을 기울였다. 영국군은 베트남 영토에 들어온 즉시 그동안 감옥에 갇혀 있던 프랑스군을 풀어 주고 무장을 시키기 시작했다. 감옥에서 풀려난 프랑스 부대는 즉시 무력을 행사해서 남부 도시 사이공의 주요 시설을 곧 장악했다. 사이공에 거주하던 2만 명의 프랑스인들은 다음날 아침 잠에서 깨었을 때, 사이공이 다시 프랑스 손에 들어온 것을 알고 뛸 듯이 기뻐했다. 많은 프랑스 인들이 거리로 나와 남녀노소를 가리지 않고 베트남 인들을 무차별적으로 폭행했다.

프랑스의 위협, 중국군의 점령, 충분히 강하지 않은 베트민 부대의 무장력…….

호치민은 베트남이 새로운 전쟁을 할 처지가 아님을 잘 알고 있었다. 거기다 사방에서 위협적인 사태가 벌어져 호치민은 신변의 위협을 느끼고 안전에 더 주의를 기울여야 했으며, 기습을 피하기 위해 자주 거처를 옮겨야 했다. 베트남 민주공화국이 선포되자마자 그 권력은 아주 미약해진 것이다.

호치민은 최소한 베트남 북부에서만이라도 새 정부의 위치를 굳건히 해야 할 필요를 느꼈다. 그래서 베트남의 복잡한 상황을 해결하기 위해 정치적 해결책을 모색하는 동시에 천천히 전쟁 준비도 시작했다. 새 정부의 국방을 위한 노력의 핵심은 베트남 해방군을 개칭한 위국군이었다. 이들은 당의 직접적인 지휘를 받았고, 체계적인 군사 훈련도 습득했다. 군사력에서 가장 심각한 고민은 무기 부족이었다. 위국군의 많은 부대가 곤봉, 창, 또는 동네 대장장이가 만들어 준 화승총 등으로 무장했다. 일본군으로부터 노획한 대전차 지뢰와 기관총들도 있었지만, 그 수는 턱없이 모자랐다.

1946년 1월 6일, 예정보다 늦어진 날짜에 베트남 최초의 전국 선거가 치러졌다. 사소한 사고는 있었지만 선거는 대체로 무사히 끝났다. 하지만 베트남 남부 지방에서는 베트민 세력 통제하에 있던 지역에서만 선거가 실시될 수 있었다.

또한 새 정부는 미국을 비롯한 서방 세계와 호치민이 이끄는 새 정부를 지지하지 않는 사람들을 포용하고, 공산주의 국가라는 인식을 심어주지 않기 위해 '인도차이나 공산당'이라는 이름을 버리고 새로 '인도차이나 마르크스주의 연구회'라는 이름을 붙였다. 당 내부에서는 반발도 있었지만, 어쨌든 이런 조치들은 정치적인 문제 해결을 원하는 호치민의 뜻을 더 원활하게 해주었다.

이렇게 호치민은 새로운 연립 정부를 구성했고, 새 정부가 힘 있게 외세에 대항할 수 있기를 바랐다. 무엇보다 선결되어야 할 문제는 중국군의 지독한 수탈이었다. 중국 점령군은 베트남에서 마지막 한 방울까지 짜내려고 혈안이 돼 있었다. 결국 호치민은 협상의 필요성을 절실히 느끼게 되었다. 그리고 협상의 대상은 프랑스가 될 수밖에 없었다. 베트남 남쪽에서 계속해서 프랑스가 밀고 올라오려는 상황에서 잘못 판단하면 중국군에게 모든 것을 다 빼앗기고 다시 프랑스 식민지가 될 것이 뻔했기 때문이었다. 거기에 호치민은 프랑스가 다시 전쟁을 일으키는 것에 부담을 느끼고 있다는 것을 알았다. 그래서 근느 과감하게 프랑스와 협상 테이블에 앉기로 마음먹었다.

프랑스 측 협상의 대표로 베트남에 온 장 생트니와 호치민은 이렇게 회담을 시작했다. 회담은 몇 주간이나 계속되었다. 양측은 담배 연기가 자욱한 방에 머리를 맞대고 앉아 끝없는 논쟁을 벌였다. 호치민 측이 내세운 협상 조건은 프랑스에 경제적인 이득을 양보하는 대신 베트남의 독립을 인정해 달라는 것이었다. 베트민의 군사력은 여전히 안타까울 정도로 미약했으므로, 호치민은 하는 수 없이 중국인들을 몰아내는 데 프랑스가 도와주기를 바란다고 말했다. 프랑스 측에서도 베트남에 중국군이 남아 있는 것이 달가울 리 없었다. 하지만 협상의 걸림돌은 베트남의 '독립'에 대한 문제였다. 협상안의 최종 문건에 호치민은 '독립'이라는 말을 넣기를 원했지만, 프랑스 정부는 강력하게 반대했다. 이에 호치민은 장기적인 목표는 베트남의 완전한 독립이지만, 몇 년간 독립을 연기하는 방식도 받아들일 수 있다고 말했다.

생트니는 비록 프랑스 측 대표였지만 호치민을 만나고 그를 좋아하게 되었던 것 같다. 생트니는 호치민을 다음과 같이 평가했다.

"호치민은 목적을 달성하기 위해 그의 적수보다 적게 요구하고, 상대적인 독립에 만족할 줄 알며, 어느 정도 기간을 둔 다음에 자기 나라의 완전한 독립을 허용하리라는 프랑스의 명예가 걸린 약속을 신뢰하고 있다. 이 점에서 호치민은 확실히 성실했다. 그는 자국의 독립을 달성하기 위해 35년간 투쟁해 왔다. 그러니 확실히 몇 년쯤은 더 기다릴 수 있을 것이다. 그의 폭넓은 교양, 지성, 도저히 믿어지지 않을 정도로 놀라운 활약상, 고난으로 점철된 삶, 사심이라고는 없는 행동은 누구와도 비교할 수 없을 만한 명망과 인기를 누리게 만들었다. 프랑스가 이런 인물을 과소평가하고, 그의 장악력과 가치를 제대로 평가할 만한 능력이 없었다는 점은 확실히 유감스럽다. 그의 제안, 행동, 태도(특히 공식적이거나 사적으로 보여 준 처신)를 보면 그가 무력으로 해결하는 방식을 끔찍하게 싫어한다는 것을 알 수 있다. 그가 이 시대를 겪어 오는 내내 인도차이나의 간디가 되기를 열망했다는 점은 의심의 여지가 없다."

중국의 똥이냐, 프랑스의 똥 냄새냐

프랑스와의 협상은 무려 6개월 동안이나 결론을 내지 못하고 지루하게 이어졌다. 호치민의 '독립' 주장과 프랑스의 '불가' 방침이 접점을 찾지 못했기 때문이다. 이 상황에서 호치민은 대내외적으로 동시에 위협을 받았다. 프랑스와 전쟁을 하자는 강경파와 전쟁은 아니더라도 호치민의 협상 능력에 회의를 갖게 된 사람들이 늘어났다. 그런데다 프랑스 군대는 점점 더 많이 베트남으로 들어와 시시각각 베트남을 위협하고 있었다. 프랑스 함대는 사이공을 통해 들어오고 있었고, 점차 북부 지역까지 진출하고 있었다.

일부 사람들은 즉시 무기를 들고 프랑스와 싸우자고 주장했고, 일부는 중국에 군사 원조를 요청하여 프랑스에 대항하자고 말했다. 하지만 호치민은 베트민 세력이 터무니없이 약하다는 것을 잘 알고 있었기 때문에 가능하면 협정을 맺어야 한다고 역설했다. 그는 결국 화가 나서 이렇게 외치기도 했다.

"중국이 계속 주둔하면 어떻게 될지 모르는 거요? 당신들은 우리 역사를 잊고 있소. 중국은 우리나라에 한 번 들어오면 1천 년씩 떠나지 않았소. 하지만 프랑스는 단기간 있을 수밖에 없소. 결국 그들은 떠나야만 할 거요. 평생 중국인의 똥을 먹는 것보다는 프랑스인의 똥 냄새를 잠시 맡는 게 낫지요."

결국 호치민의 냉정한 현실주의는 승리를 거두었다. 사실 베트남이 처한 현실은 8월 혁명 때보다 훨씬 더 복잡해져 있었다. 문제는 베트남 국민이 싸우고 싶은 마음이 있느냐 없느냐가 아니었다. 가장 중요한 것은 자신을 알고 상대를 아는 것, 국내외의 유리하고 불리한 모든 조건을 객관적으로 깨닫는 것, 그리고 그런 뒤에 가장 현실적인 판단을 하는 것이었다.

1946년 3월 6일, 호치민과 생트니는 결국 합의안에 서명했다. 베트남은 프랑스에 경제적 이익을 양보하기로 하고, '독립'이라는 말을 포함시키라는 요구를 포기했다. 그리고 베트남이 프랑스 연합에 참여하는 것에 동의했다. 그리고 그 대가로 '베트남의 자치 원칙을 프랑스가 인정할 것'이라는 조항을 달았다. 실질적으로 베트남을 자체적인 군대, 의회, 재정을 갖춘 '자유국가'로 인정한다는 의미였다. 또한 통킹, 안남, 코친차이나의 세 지역으로 분할되어 있던 베트남의 통일에 관한 국민 투표 실시에도 양측이 합의했다. 그리고 베트남은 북부에서 철수하는 중국군 대신 프랑스군 1만5천 명의 주둔을 허용했다. 그렇게 해서 베트남 민주공화국의 모든 지역에 다시 프랑스군이 들어오게 되었다.

합의안에 서명한 뒤, 생트니는 만족감을 표시했으나 호치민은 이렇게 대꾸했다.

"나는 유감입니다. 기본적으로 당신이 시합에서 이겼기 때문입니다. 당신은 내가 이 이상을 원했다는 것을 잘 알고 있습니다. 그러나 나는 우리가 한 번에 모든 것을 가질 수 없다는 것을 잘 압니다."

호치민은 합의안이 보여 주고 있는 화해 정책 때문에 당이 나라를 팔아먹는다는 공격을 받을 수 있다는 점을 인정했다. 그리고 당장은 프랑스군도 힘이 미약해져 있지만 프랑스가 힘을 키워 장차 베트남을 다시 예전의 식민지로 돌려놓고자 할 수 있다는 점도 인정했다. 그는 '프랑스의 명예를 건 약속'을 그리 신뢰하지도 않았다. 하지만 이 합의를 통해 막무가내인 중국군에 대처하고, 또 유리한 조건에서 완전 독립을 쟁취하는 투쟁을 준비할 시간을 벌 수 있었다.

합의 소식은 다음날 아침 하노이의 신문에 실렸다. 사람들은 놀라기도 했고, 일부는 분노를 터뜨리기도 했다. 이 협약이 베트남 남부를 분할하는 것을 용인할 뿐 아니라 증오의 대상인 프랑스군을 다시 불러들였기 때문이다. 정부에서는 냉정을 유지하고 프랑스인 거주자들에게 자극적인 행동을 하지 말라고 호소했지만, 도시에는 이미 팽팽한 긴장감이 감돌았다. 일부 사람들은 호치민이 프랑스에 속았다고 비난했으며, 또 일부는 호치민을 반역자라고 부르기까지 했다.

당 지도부는 그런 비난에 대응하기 위해 시립 극장 앞에서 대중 집회를 열어 합의 사항을 설명했다. 국방 장관인 보 응우옌 지압이 먼저 나서서 합의의 필요성과 법과 질서를 유지해야 함을 이야기했다. 그리고 다른 연사 몇 명이 연설을 한 뒤, 호치민이 짤막한 연설을 했다.

"우리나라는 1945년 8월에 자유를 얻었습니다. 그러나 오늘날까지 강대국은 단 한 나라도 우리의 독립을 인정하지 않고 있습니다. 프랑스와의 타협은 우리가 국제적으로 인정받고, 국제 무대에서 베트남 민주공화국의 입장을 강화하는 길을 열어 줄 것입니다. 우리는 자유국가가 되었습니다. 합의서에 서명했듯이 프랑스군은 점차 베트남에서 철수할 것입니다. 우리 동포는 냉정을 유지하고 규율을 지키며, 통일과 단결을 강화해야 합니다."

호치민은 연설을 끝내면서 강한 어조로 베트남 국민들에게 약속했다.

"나 호치민은 평생 조국의 독립을 위하여 동포들과 함께 싸워 왔습니다. 나는 조국을 배반하느니 차라리 죽음을 택하겠습니다."

그의 진지하고 강한 어조는 청중을 압도했다. 그리고 많은 사람

들이 '호치민 주석 만세'를 외쳤다. 하지만 호치민의 생각과 달리 프랑스군이 다시 들어오기 시작하자, 베트남 인과 프랑스 인 사이에 종종 무력 충돌이 생겨났고, 베트남 사람들은 흥청거리는 프랑스 병사들을 보며 과거의 아픈 기억을 떠올렸다. 결과적으로 베트남은 프랑스의 신식민주의와 사활을 건 맞대결을 해야만 할 운명에 처하게 되었다.

호치민, 프랑스로 떠나다

기근의 후유증, 베트남 북부 홍강의 엄청난 범람, 흉년, 되풀이되는 가뭄, 기아 등 국제 관계를 조율하는 와중에도 새 정부는 지난한 현실의 어려움을 떠맡아야 했다. 뿐만 아니라 새 정부는 정부 기구를 강화하고 치안과 국방을 위한 군을 정비하는 등 국내에 산적한 문제들을 처리하기에 여념이 없었다.

이 과정에서 호치민은 최선을 다해 베트남 국민들을 위한 정책을 폈고, 베트남 국민들은 호치민을 신뢰하면서 그를 호 아저씨라 불렀다. 호치민은 어느새 베트남 인들의 신화가 되어 가고 있었다. 그는 수많은 어려움들을 헤쳐 나가면서도 부드럽고 신사적인 태도를 버리지 않았다. 아이들을 친근하게 대했고, 절약, 노동, 질서 등의 덕목을 존중해 자신도 늘 노동으로 하루를 열곤 했다.

호치민은 오랫동안 좌절되었던 근대 국가를 향한 베트남 인의 갈망과 꿈을 이끌어 냈다. 그의 최초의 전기가 나왔고, 호치민의 생일은 1946년부터 공식적으로 경축되었다. 이렇게 베트남의 최고 지도자인 유일한 인물 '호 아저씨'가 자리 잡아 가고 있었다.

한편, 호치민은 1946년 3월 6일에 합의한 사항은 어디까지나 프랑스와 공식 회담을 하기 위한 예비 협약에 지나지 않음을 잘 알고 있었다. 그럼에도 그는 이 예비 협약에서 많은 걸 얻어야 프랑스와의 공식 회담에서 유리한 위치를 점유할 수 있으리라는 기대에서 그렇게 오랫동안 합의안을 조율했던 것이다. 합의안에도 후일 프랑스에서 공식적인 협상을 한다는 내용이 포함되어 있었다.

1946년 5월 30일, 5만의 인파가 폭풍우가 쏟아지는 가운데 하노이 대학 캠퍼스로 모여들었다. 평화 회담을 하러 프랑스로 떠나는 베트남 대표단을 환송하기 위해서였다. 베트남의 회담 대표단 단장은 호치민의 오른팔이나 다름없는 팜 반 동이었다. 호치민은 대표단의 공식 구성원은 아니었지만, 프랑스의 귀빈 자격으로 회담에 참석할 예정이었다. 그는 자신이 프랑스로 가야 더 많은 것을 얻을 수 있으리라고 생각했다.

프랑스로 향하는 비행기에 오른 베트남 대표단은 도착하기도 전에 생각과 달리 회담이 어려워질 것을 예상했다. 당시 프랑스 내각이 바뀌면서 보수 정당이 권력을 잡았기 때문이었다. 게다가 프랑스는 베트남 대표단을 공식적으로 맞이할 내각이 아직 정비되지 않았다는 이유로 대표단이 프랑스에 기착하는 것을 늦추게 했다. 이 때문에 호치민을 비롯한 베트남 협상단을 태운 비행기는 인도, 이라크, 이집트를 거치고 비행기에 오른 지 11일째 되는 날에서야 겨우 프랑스 땅에 착륙할 수 있었다. 하지만 그것도 프랑스 파리가 아니라 남부 지방의 해변 휴양지 비아리츠였다.

호치민은 프랑스의 새 정부가 공식적으로 출범할 때까지 그곳에서 머물 수밖에 다른 도리가 없었다. 호치민은 비아리츠에서 무려 3주간이나 머물렀다. 그는 그곳에서 마치 여행자라도 되는 것처럼 마을과 시골을 돌아다니며 어부와 농부를 사귀고, 보트를 타거나, 성당을 구경하기도 했다. 또 국경을 넘어 스페인으로 가 투우를 구경하기도 했다. 호치민과 함께 비아리츠에 머물렀던 생트니는 당시의 호치민에 대해 이렇게 말했다.

"그의 사람됨은 자상한 아버지 같다. 호 아저씨는 아이들을 불러 모아 사진을 찍고, 프랑스 농부와 시골길에서 이야기를 나누고, 그 지역 병원에 들러 부상자와 환자들을 위로했다."

호치민은 마지막 서방 세계 여행이 된 이 여행에서 마치 휴가를 즐기는 것처럼 보였다. 자신이 원해서 얻은 휴가는 아니었지만 호치민은 주어진 상황을 받아들이고 조바심 내지 않는 여유를 보였다. 일생을 고단하게 살아온 그는 황제들이 즐겨 찾는다는 유명한 휴양지인 비아리츠에서 정말 일생 동안의 고단함을 풀었던 건 아닐까? 훗날 호치민 자신이 그때를 인생에서 가장 행복했던 기간 중 하나라고 말했듯 말이다.

퐁텐블로 평화 회담

6월 22일에서야 호치민은 퐁텐블로에서 개최될 회담을 준비하기 위해 파리로 향했다. 전에 호치민이 파리에 왔을 때는 무일푼에 무명의 인물이었다. 이제 그는 프랑스 정부가 나서서 파리의 호화로운 호텔에 방을 잡아 주는 중요 인물이 되어 다시 파리에 왔다. 호치민은 의례적인 환영 인사를 받은 뒤 곧바로 숙소로 가서 짐을 풀었다. 그렇지만 오랫동안 게릴라의 지도자 역할을 해온 호치민에게 부드럽고 호화로운 호텔의 침대는 그다지 편안하지 않았다.

호치민이 파리에 머무는 동안 수많은 사람들이 호치민을 만나기 위해 그가 묵고 있는 호텔을 찾았다. 호치민이 머무는 곳은 곧 대사관이 되었다. 만나는 사람마다 호치민을 좋아했고, 그의 면모를 높이 평가하고 이해해 주었다. 어떤 사람은 아마 호치민처럼 자연스럽게 많은 사람들의 사랑을 받은 사람도 없을 거라고 말했을 정도였다. 그가 도착할 무렵에는 신문에 호치민의 이름이 그대로 실렸지만 떠날 무렵에 프랑스 사람들은 그를 베트남에서처럼 '호 아저씨'라고 불렀다.

호치민은 인터뷰를 요청하는 사람들을 모두 아침 6시 식사에 초대하면서, 놀라는 사람에게 열대 지방에서는 아침에 일찍 일어나는 것이 전통이라고 말했다. 호치민을 만난 사람 중 어떤 이는 당시의 광경을 이렇게 묘사했다.

"호치민은 대단한 성공을 거두었다. 그는 모든 사람들을 매혹시켰다. 사람들은 그를 공자, 석가, 세례 요한에 비교했다. 오페라를 보러 가든, 화려한 리셉션장에 가든, 피크닉에 가든, 기자회견장에 가든 어디를 가나 그는 목 밑까지 단추가 달린 검소한 린넨 사무복을 입고 나타났다. 그의 재치, 동양적인 예의, 수완, 사교에서 보여주는 깊이와 쾌활함이 혼재된 태도, 아이들을 보면 거리낌없이 드러나는 애정 어린 마음, 무엇보다 그의 성실성과 소박한 마음 씀씀이는 모든 사람을 사로잡았다."

7월 6일, 웅장한 퐁텐블로 궁에서 공식 회담이 시작되었다. 프랑스의 의례적인 환영 인사가 끝나자마자 대표단의 단장인 팜 반 동은 인도차이나에서 프랑스가 저지른 행동을 거세게 비판했다. 그러나 이런 행동은 나중에 호치민이 지적했듯, 협상을 원활하게 진행하는 데 전혀 도움이 되지 않았다. 결국 회담에서 양측은 프랑스 연합 내에서 베트남의 지위를 인정하는 대신 베트남이 통킹, 안남, 코친차이나의 통일을 위한 투표를 실시한다는 데에만 합의했을 뿐 그 외의 사안에 대해서는 전혀 합일점을 찾지 못했다.

호치민은 베트남 대표단의 공식 구성원이 아니었기 때문에 회담에는 참석하지 않았다. 대신 자신의 모든 능력을 동원해 프랑스 관계(官界)와 민간으로부터 지지를 끌어 내려고 노력했다. 그는 프랑스 모든 정당과 조직들의 대표들, 그리고 유명한 저널리스트들과 지식인들을 만났다. 호치민은 베트남의 민족 독립을 주장하면서, 이 문제에 대해 프랑스 연합이라는 틀 안에서 독립의 개념을 받아들일 의사가 있다고 의연하게 대처했다. 또한 그는 프랑스가 베트남의 남부 코친차이나에 친프랑스적인 자치 정부를 세우려는 것을 비난하면서 코친차이나는 베트남의 일부이며, 따라서 별개로 취급할 수 없다고 못박았다. 프랑스가 코친차이나를 분리된 채로 자신들의 지배 아래 두고 싶어 했던 것은 그곳이 인도차이나에서 가장 풍요로운 지역이기 때문이었다. 코친차이나에는 최대의 쌀 생산지와 고무 농장이 있고, 상당한 양의 면화와 커피 등 여러 산물이 생산되는데다 금광을 비롯한 중요한 광산이 있었다. 그 때문에 프랑스가 인도차이나에 투자하는 금액의 5분의 3 정도가 코친차이나 지방에 집중될 정도였다.

대신, 호치민은 베트남 내에서 프랑스 인의 모든 권리와 재산은 보호받을 것이라고 말했다. 더불어 그는 3월 6일의 협정 정신을 지키고 싶어 했으며, 그렇게 하기 위해서는 양측이 폭력, 선전, 도발의 수위를 낮추어야 한다고 덧붙였다. 하지만 호치민의 모든 노력은 공식 회담에 반영되지 않았다.

8월에 접어들어 퐁텐블로 협상이 재개되었지만, 양측은 의견 차이를 좁히지 못하고 결국 회담은 성과 없이 끝나고 말았다.

9월에 베트남 대표단이 모두 빈손인 채 베트남으로 돌아간 뒤에도 호치민은 그대로 프랑스에 남아서 베트남의 평화를 위해 갖은 노력을 다했다. 프랑스 정부는 그런 호치민의 행동을 달가워하지 않았고, 급기야 그가 머물고 있는 호텔의 숙박비 지원도 끊어 버려 호치민은 파리의 아는 사람 집에 묵어야 했다.

그 즈음에 호치민은 프랑스와의 전쟁이 불가피하다고 마음먹었던 것 같다. 그는 한 인터뷰에서 프랑스와 싸울 수밖에 없으며, 베트남은 반드시 이길 거라고 장담했다. 프랑스의 현대식 무기에 대적하기는 어려운 일 아니겠느냐는 기자의 질문에 호치민은 게릴라전을 염두에 둔 듯한 대답을 했다. 현대식 전쟁 무기들은 늪이나 밀림으로 둘러싸인 베트남에서는 큰 힘을 발휘하지 못할 거라는 얘기였다.

"그것은 코끼리와 호랑이의 싸움이 될 것입니다. 만일 호랑이가 가만히 서 있다면 코끼리가 그 막강한 어금니로 호랑이를 짓누르겠지요. 그러나 호랑이는 가만히 있는 것이 아닙니다. 호랑이는 낮에는 밀림에 숨어 있다가 밤에 나타나서는 코끼리의 등에 뛰어올라 가죽을 찢어 놓고 다시 어두운 밀림으로 뛰어들어갑니다. 그러면 코끼리는 천천히 피를 흘리며 죽어갑니다. 이것이 인도차이나

의 전쟁이 될 것입니다."

그리고 호치민은 전쟁에 대한 각오를 단단히 다졌다.

"우리가 당신네 한 사람을 죽이는 동안 당신네는 우리 열 사람을 죽일지도 모릅니다. 하지만 우리 땅에서 먼저 없어지는 것은 당신들이 될 거요."

그렇지만 그는 가능하다면 끔찍한 결과를 낳을 전쟁을 하지 않고 평화적으로 베트남 문제를 해결할 수 있기를 바랐다. 그래서 프랑스 대표를 만나 인도차이나에서 휴전 협정을 맺는다는 데 원칙적으로 합의했다. 그러나 이것은 후일 문제를 해결한다는 묵계 정도의 의미밖에 없었다. 이는 그가 프랑스에 올 때 바라던 것보다 훨씬 작은 것이었다.

이 소식이 베트남에 전해지자 일부 베트남 사람들은 이것을 국치(國恥)로 여겼다. 어떤 사람들은 호치민에게 반역자라는 말을 서슴없이 외쳤다. 호치민 또한 이런 반응이 나올 것을 알고 있었다. 그는 휴전에 대한 잠정 협정을 마친 뒤 이렇게 말했다.

"나는 지금 내 사형 집행 영장에 서명했습니다."

호치민은 배를 타고 프랑스를 떠났다. 비행기를 이용할 경우 자신의 목숨을 노리는 공격이 있을 것을 염려했기 때문이다. 그는 배 위에서도 여느 때와 같이 소박하게 생활했다. 짐이라고는 갈아입을 옷 한 벌밖에 없었고, 빨래도 직접 했다. 여유가 있을 때면 프랑

스 선원이나 베트남 인들에게 베트남과 세계 정세에 관해 이야기
했다. 특히, 베트남 학생들에게는 용기를 북돋아 주곤 했다.

"우리에게는 모든 것이 부족하다. 우리한테는 기계도 없고, 원료
도 없고, 심지어 숙련된 노동자도 없다. 우리 재정은 거의 바닥이
난 상태다. 그러나 우리 조국에는 산과 숲, 강과 바다가 풍부하다.
그리고 우리 동포는 결의, 용기, 창의성이 강하다."

하이퐁 사건

한편, 호치민이 프랑스에 머물고 있는 동안, 베트남 내부 상황은
점점 더 긴장되고 있었다. 특히, 코친차이나 지방에서 프랑스 인과
베트남 인 사이에 계속된 갈등은 상황을 더욱 악화시켰다. 코친차
이나 지방을 자기의 수중에 두려는 프랑스의 야심은 점점 기승을
부렸다.

호치민이 베트남으로 돌아온 직후, 그가 프랑스에서 맺은 잠정
협정 대로 코친차이나에는 휴전이 선포되었다. 처음에 양측은 휴
전을 어느 정도 존중했지만, 불안한 소강 상태는 얼마 가지 않았다.
결국 충돌이 일어나기 시작했고, 곧 전쟁의 열기가 달아올랐다. 프
랑스는 베트민 게릴라들이 장악한 지역에서 소탕 작전을 펼쳤고,
게릴라군은 목숨을 걸고 대항했다.

전쟁의 위기가 다가오자 당 지도부는 군사력 강화를 위해 노력

했다. 절실한 문제는 현대식 무기의 확보였다. 정부는 바다를 통해 중국으로부터 무기를 밀반입하기 시작했다. 육지는 프랑스군이 철저하게 봉쇄하고 있었기 때문이다. 베트남 북부의 하이퐁은 무기를 반입하는 주요 항구였다. 이를 눈치 챈 프랑스는 관세 문제를 평계로 하이퐁 항구를 장악하려 했다. 결국 항구에서 프랑스와 정부 사이에 전투가 벌어졌고, 도시 전역으로 확대되어 수천 명의 희생자가 생겨났으며, 전투는 며칠 동안이나 계속되었다. 2,000명 가량의 프랑스군이 이 지역에 밀집했고, 도시 전체와 중국 국경 지대의 요충지인 랑손이 프랑스에 점령당했다. 결국 11월 28일, 베트민은 이 전투를 포기할 수밖에 없었다. 베트남 민주공화국의 봉쇄가 눈앞으로 다가왔다.

정부는 군사력 강화에 박차를 가했다. 이제 '베트남 인민군'으로 이름을 바꾼 군은 크게 확대되었다. 병력은 약 6만 명에 달했지만, 무기는 여전히 부족했다. 때문에 정부는 안전한 곳에 무기 공장을 세우는 데도 힘을 기울였다. 하이퐁 사건 뒤, 상황은 더욱 긴박해졌다. 정부는 하노이 근처의 산악 지대로 피신하기 위한 계획을 세웠고, 정부군은 도시 내에 바리케이드를 설치하기 시작했다. 프랑스의 신식민주의에 대항한 전쟁이 시시각각 다가오고 있었다. 호치민이 말한 코끼리와 호랑이의 싸움이 막 시작되려 했다.

호랑이와 코끼리의 싸움

인도차이나 전쟁의 발발

하이퐁 사건이 터지고 난 뒤 얼마 지나지 않은 12월 17일.

프랑스의 장갑차들이 하노이 시내로 진입해서 베트민 병사들이

그때까지 세워놓은 보루를 부수기 시작했다. 그러자 베트민은 그

날 저녁 외곽으로부터 시내로 들어가는 모든 통로를 차단하기 시작했다. 그리고 드디어 12월 18일 아침, 호치민과 그의 동료들은 더 이상 타협이 불가능하다고 결론지었다. 이에 호치민은 다음날 프랑스 측 시설들을 공격하라는 지령을 내렸다.

1946년 12월 19일 저녁 8시.

베트남 인들은 계획에 따라 발전소 기습 공격을 신호로 공격을 개시했다. 발전소가 폭파되면서 시 전체는 암흑 속에 빠졌고, 곧이어 총격이 시작되었다. 베트민은 도시 전역의 프랑스 시설을 공격했다.

다음날에는 호치민과 보 응우옌 지압이 프랑스군에게 포위당했다가 간신히 탈출했다. 무슨 일이 있어도 그들이 체포당할 수는 없는 노릇이었다. 호치민과 지압은 논이 있는 쪽을 향해 단숨에 내달린 다음, 빗발치는 총탄을 피해 엎드린 채로 도망쳤다. 제1차 인도차이나 전쟁은 이렇게 시작되었다. 얼마 전, 호치민이 말했던 코끼리와 호랑이의 싸움, 즉, 장기전에 대비한 게릴라전의 형태를 띤 전쟁 말이다. 프랑스가 하노이를 비롯한 베트남 북부와 중부의 주요 산업 중심지에서 소탕 작전을 펼치기 시작하자, 호치민과 동료들은 북부 비엣 박 지역의 산악 지대에 마련했던 옛 기지로 피신해 장기전에 대비했다.

그리고 수도 하노이에서 교전이 시작된 지 불과 사흘 뒤인 12월

21일, 베트남 정부는 공개 성명을 발표했다. 이 발표문에서 베트남 정부는 다가올 전쟁이 3단계로 이루어질 것이라는 말을 했다.

제1단계에서 베트남군은 방어에 치중하며 산악 요새에서 전력을 강화한다. 양측의 힘이 비슷해지는 제2단계에 이르면 혁명군은 굴에서 나와 적의 노출된 시설을 기습하기 시작한다. 제3단계에서는 전면 공세로 들어가, 베트민은 적군을 바다로 내모는 최종 공세를 시작한다. 그러나 무엇보다도 베트남 정부는 국민에게 투쟁에 대비하라고 호소했다.

"우리의 저항 전쟁은 길고 고통스러울 것이지만 어떤 희생을 치르더라도, 투쟁이 아무리 길어지더라도 우리는 베트남이 완전한 독립을 이루고 재통일을 이룰 그때까지 투쟁할 것이다. 총이 있는 자는 총을 써라! 칼이 있는 자는 칼을 써라! 칼도 없으면 곡괭이와 막대기라도 들어라! 식민주의와 싸워 조국을 구하기 위해 모두가 전력하자!"

전쟁이 시작되자 프랑스가 몇 차례 승리를 거두었다. 무엇보다 우수한 프랑스 병기의 덕이었다. 소화기나 대포도 베트남군에 비해 월등했다. 보 응우옌 지압 장군은 전력을 다했지만 무기가 절대적으로 부족한 상태에서 싸우고 있었다.

1947년 3월 무렵이 되자 양측의 사상자는 천여 명이 훨씬 넘어서고 있었다. 하지만 프랑스로서는 해볼 만한 전투라고 생각했을

게 틀림없다. 비록 6만 정도의 병사가 있는 베트민이었지만, 그들은 모두 헐벗고 굶주리고 있었다. 그들이 어떻게 전문적으로 훈련된 프랑스 군대에 오랫동안 저항할 수 있겠는가?

이런 프랑스의 생각은 어느 정도 맞는 것이었다. 베트민은 전투 초기에 많은 사상자를 내며 혼란에 빠졌다. 전쟁이 1년 가까이 계속되면서 베트민은 점점 더 궁지에 몰렸다. 게다가 프랑스는 호치민이 이끄는 베트남 민주공화국 정부를 공식적으로 부인하고, 폐위된 황제 바오다이를 데려다 새로운 베트남 정부를 만들었다. 정치적으로도 베트남 민주공화국을 인정하지 않겠다는 심산에서였다.

그리고 1947년 10월 7일, 프랑스는 드디어 비엣 박을 공격하기 시작했다. 일명 '레아 작전'이라 이름 붙인 프랑스군은 빠르게 진군해서 곧 베트민 본부를 찾아냈다. 호치민을 체포하기 위해서였다. 호치민은 공격을 당했을 때, 간발의 차로 프랑스군을 따돌릴 수 있었다. 호치민과 동료들은 비가 내리는 날씨에 질퍽거리는 길을 하루 종일 걸었다. 각자 옷과 생필품이 들어 있는 가방을 멘 채였다. 호치민 일행은 프랑스군을 피해 밤에는 추운 숲 속에서 웅크리고 불안한 잠을 자야 했다.

산악 지대의 옛 게릴라 본부로 돌아온 호치민은 1945년 8월 혁명으로 끝난 줄 알았던 생활을 다시 하게 된 것이다. 호치민은 그곳에 오두막을 짓고 누추한 생활을 했다. 식량 부족으로 배고픔을 면

하기 어렵게 되자 호치민 일행은 채소 등을 직접 재배하기도 했다. 또한 호치민은 늘 몇 분이면 짐을 싸서 떠날 수 있도록 준비해 두곤 했다. 프랑스군을 피하기 위해서였는데 1940년대 말에 호치민은 적어도 20번 정도 숙소를 옮겨야만 했다.

프랑스군의 호언장담과는 달리 베트민군은 끈질기게 저항했고, 베트민 소탕을 내세우던 프랑스의 전면 공격이 실패로 돌아가면서 전세는 서서히 역전되어 갔다.

한편, 베트민은 상황이 혁명에 유리한 쪽으로 변해 가고 있다고 판단하여, 퇴각을 중심으로 하는 제1단계가 끝났다고 생각했다. 이제 적과 전투를 개시할 때가 다가온 것이다. 프랑스는 도시를 장악했지만 지형지세에 밝은 베트민에게 농촌 전부를 내주었다. 이어 중국에 공산주의 정부가 들어서면서 베트남 민주공화국의 동맹국이 되고 소련마저 호치민이 이끄는 정부를 지지하자, 다급해진 프랑스는 즉각 이 전쟁을 반공 전쟁으로 명명하고 미국의 원조를 받기 시작했다. 이것은 베트민에 드리운 먹구름이었다. 그렇다 해도 프랑스는 쉽게 승리를 거둘 수 없었다. 호치민이 확실하게 민심을 잡고 있었기 때문이다.

베트민 게릴라군은 국경 지대에서 전투를 개시했다. 프랑스는 주요 도시와 통신망만을 겨우 장악할 수 있었다. 프랑스 정부의 군사 예산 절반을 인도차이나에 쏟아 부었지만, 일부 도시 지역을 제외하고는 모두 베트민 수중에 들어갔던 것이다. 8만이 넘는 프랑스 병사들은 신출귀몰하는 베트남 게릴라에 맥을 못 추고 있었다.

그 사이 1950년 6월 '한국 전쟁'이 발발했고, 이 전쟁을 계기로 인도차이나 전쟁의 의미는 달라졌다. 처음 인도차이나 전쟁이 발발했을 때, 이 전쟁은 프랑스 식민주의에 대항해 민족의 독립을 쟁취하기 위한 독립 투쟁이었다. 그러나 전쟁이 시작된 지 1년 만에 인도차이나 전쟁은 미국-소련이 주축이 된 공산주의와 비공산주의 두 진영 간의 '냉전'이 군사적 대결로 전환되었다. 바야흐로 반공과 친공이라는 세계 정세에 끼어 인도차이나 전쟁에 외부 세력이 개입할 근거가 더 만들어지게 된 것이다.

베트남 민주공화국과 그를 지원하는 중국, 소련, 그리고 바오다이를 내세운 정부를 지지하는 프랑스와 미국 사이의 전쟁은 장기전으로 자리 잡으면서 이념을 사이에 둔 대결로 그 의미가 변질되어 가고 있었다. 각각 미국과 소련을 등에 업고 내전이 한창이던 한국 전쟁과 그 모양새가 비슷해져 내전의 의미로 축소되었던 것이다.

한편, 베트민 부대는 중국의 군사 원조를 받아 전군을 재정비했다. 중국은 매달 1,000톤에 달하는 군사 물자를 원조해 40만에 달하는 베트민 부대를 무장시켰다. 이제 베트민군은 게릴라 작전은 물론, 대규모 공격 작전이 혼합된 전쟁을 치를 수 있게 되었다. 더 이상 무력에서만큼은 불평등한 싸움이 아니게 된 것이다.

베트민 부대들은 1950년 9월 중순, 국경지대 전체에 걸쳐 프랑스의 취약 시설에 대한 기습을 개시했다. 베트민은 더 이상 낡은 구식 무기만을 들고 있던 허약한 군이 아니었다. 그들은 바주카포, 박격포, 기관총 등 최신 무기로 무장하고, 연대 단위로 병력을 집중

할 수 있게 되었다. 당황한 프랑스군은 수백 명의 사상자뿐 아니라 1만 톤이 넘는 탄약마저 버리고 허둥지둥 퇴각했다.

10월 말이 되자, 베트민은 베트남 북부 지역을 손에 넣을 수 있었다. 두세 달 동안 베트민은 북부 통킹 지역에서 대규모 공세를 취해 승리를 거두었다. 프랑스군 사상자만 거의 2만에 가까운 대혈전이었다.

하늘에서 떨어지는 불

"멀리서부터 날아오던 제비 세 마리가 점점 커졌다. 비행기였다. 비행기들은 급강하했고, 눈앞에 지옥이 펼쳐졌다. 첫 번째 비행기에서 계란 모양의 커다란 용기가 떨어졌고, 두 번째 비행기에서도 같은 것이 떨어졌다. 강렬한 불길이 일어나더니 홍강 삼각주 지역 일대의 수백 미터를 뻗어나갔으며, 그 순간 공포가 전사들을 사로잡았다. 듣도 보도 못한 물체였다. 바로 네이팜탄, 하늘에서 떨어지는 불이었다.

비행기 한 대가 또 다가오더니 불을 더 토해 냈다. 폭탄은 바로 전사들 위로 떨어졌는데, 불의 숨결이 전사들의 온몸을 훑고 지나갔다. 병사들은 달아났다. 아무도 달아나는 그들의 발걸음을 막을 수 없었다. 지나가며 모든 것을 태워버리는 그 불의 격류에서 살아남을 방법은 없었다."

미국의 프랑스군에 대한 원조는 점점 더 늘어 갔다. 프랑스 전투기에서 떨어진 네이팜탄은 미국으로부터 들어온 것이었다. 결과는 엄청났다. 불타는 가스를 한 번도 본 적 없던 베트민은 혼비백산해서 달아났다. 1951년 초, 베트민의 전통 설인 텟 명절을 하노이에서 보낼 수 있을 거라는 호치민의 예측은 보기 좋게 빗나갔다.

보 응우옌 지압 장군이 이끄는 베트민군은 1950년 말, 북부 지역 전투에서 대규모 승리를 거둔 뒤, 총공격을 통해 하노이로 들어가는 길을 뚫으려고 홍강 삼각주 지역을 공격했다. 하지만 길이 열리기는커녕 베트민은 엄청난 상처를 입고 퇴각하고 말았다. 베트민군 사상자만 거의 4,000명에 가까웠다. 베트민은 전쟁 초기에 천명했던 전쟁 구도의 제3단계인 '총공격'이라는 구호를 포기하는 대신 다시 '장기전'을 택할 수밖에 없었다.

베트민의 홍강 공격이 실패로 끝난 뒤, 전쟁은 잠시 교착 상태로 빠져들었다. 하는 수 없이 베트민은 1951년이 되자 전력을 북쪽에 집중시켰다. 그리고 홍강의 남쪽에 있는 변두리 도시인 호아 빈을 공격했다. 이 변두리 도시가 북부 산악지대의 베트민 본부와 그들의 인력과 물자의 주요 공급처인 베트남 중남부를 연결하는 중요한 고리였기 때문이다. 베트민은 그곳에 있는 프랑스 진지를 대대적으로 공격했다. 싸움은 서로를 완전히 전멸시킬 듯한 기세로 한 치의 양보도 없이 격렬하게 이어졌다. 두 달 가까이 계속된 전투 끝에 결국 프랑스군은 1952년 2월 진지를 버리고 퇴각하기에 이르렀다.

호아 빈 전투를 기점으로 승기는 베트민에게로 점점 기울어졌다. 1952년 말이 되자, 베트민군은 하노이 근처 논들을 자유롭게 돌아다녔으며, 각 지역 곳곳에서 혁명 조직들이 재건되었다. 호아 빈의 승리가 전쟁의 최종 승리를 예감하게 한 것이다.

한편, 호치민은 이 시기 내내 바깥 세계에 모습을 드러내지 않은 반면, 해방구에서 자주 눈에 띄었다. 그는 전쟁 전략가로 활동했을 뿐 아니라 병사들의 사기를 돋우기 위한 일도 마다하지 않았다. 전선 어디를 가나 호치민을 볼 수 있었다. 그는 농민 차림으로 지칠 줄 모르고 전장을 돌아다녔다. 하지만 프랑스의 체포를 피하기 위해 적어도 닷새에 한 번씩은 거처를 옮겨야 했고, 배낭을 메고 꼬불꼬불한 산길을 하루에 50킬로미터씩 걸어야 하는 날도 있었다. 그의 나이 이미 예순이 넘어 있었다. 그렇지만 호치민은 아침이면 일찍 일어나 운동을 하고, 저녁 늦게 시간이 나면 책 읽기를 그만두지 않았다.

디엔 비엔 푸 전투

호아 빈 전투에서 패한 뒤, 프랑스군은 좀 더 방어에 힘을 쏟기 위해 베트남 북부의 작은 도시 디엔 비엔 푸에 요새를 만들어 병력을 집중시켰다. 베트남의 북서부 국경과 가까운 곳이기 때문에 베트민군이 외부와 접촉하는 것을 막아 고립시키려는 의도도 있었다. 프랑스군은 디엔 비엔 푸에서 육공군 합동 기지를 정비했고, 보응우옌 지압의 베트민군도 물러설 난공불락의 요새라고 장담했다.

프랑스가 디엔 비엔 푸를 점령했다는 소식이 베트민 본부에 전해지자 당 지도부는 즉시 회의를 소집했다. 베트민 지도부는 즉각 디엔 비엔 푸에 대한 공격안을 논의했다. 디엔 비엔 푸를 공격해 재점령하면 프랑스군의 사기에 심각한 영향을 줄 수도 있고, 이후 전투에 대한 단단한 토대가 되리라고 생각했기 때문이다. 또한 프랑스군이 전력을 쏟아 방어하는 기지에 대한 베트민의 첫 직접 공격 시도가 될 터였다.

게다가 이 지역에는 전략적인 이점들도 많았다. 골짜기에 자리한 디엔 비엔 푸는 하노이로부터 300킬로미터 이상 떨어져 있어 프랑스군으로서는 물자와 인력 공급이 쉽지 않았다. 반면 중국 국경이나 북부 베트민 본부와는 가까웠기 때문에, 베트민은 쉽게 필요한 물자를 나를 수 있었다.

결국 베트민은 디엔 비엔 푸에 온 힘을 집중하기로 결정했다. 베트민군은 1953년 12월부터 몰래 3개 사단을 디엔 비엔 푸 주위의 산악 지대에 침투시키기 시작했으며, 다른 부대들은 프랑스군의 시선을 끌고 분산을 유도하기 위해 다른 길로 향했다. 중국 국경으로부터 이 지역으로 탄약과 중화기를 운송하기 위해 민간인 짐꾼 수천 명이 동원되었다. 그들은 자전거를 이용하기도 했지만, 중국에서부터 거의 300킬로미터에 달하는 거리를 주로 걸어서 물품과 식량을 운반했다. 이 과정에 참여했던 한 사람은 나중에 어느 기자에게 이렇게 말했다.

"우리는 산과 밀림을 가로질러야 했다. 적의 폭격을 피해 낮에는 자고 밤에 행군했다. 때로는 여우굴에서 자기도 했고, 그냥 길가에 쓰러져 자기도 했다. 우리는 모두 소총, 탄약, 수류탄이 든 가방을 메고 있었으며, 가방 안에는 담요, 모기장, 갈아입을 옷 한 벌이 들어 있었다. 우리는 일주일치 쌀을 넣고 갔는데, 가는 도중에 보급소에서 다시 보급을 받았다. 우리는 밀림에서 구한 푸성귀나 죽순을 먹었다. 나는 베트민에서 9년을 활동했기 때문에, 그런 생활을 견딜 수 있었다."

중국 측 자료에 따르면 트럭 200대 이상, 석유 1만 배럴, 대포 100문 이상, 포탄 6,000발, 총기 3,000정, 곡물 1,700톤 가량이 디엔 비엔 푸에 지원되었다고 한다. 이렇게 해서 디엔 비엔 푸에 대한 총공세의 준비는 착착 진행되어 가고 있었다.

디엔 비엔 푸에 대한 베트민의 공격은 1954년 1월 중순에 시작되었다. 베트민은 프랑스 기지 주위의 산악지대에 거의 5만 명의 전투원으로 구성된 정규군 총 33개 대대를 집결시켰다. 이에 비해 프랑스군의 병력은 약 1만6천 정도. 베트민은 정규군 외에도 지원군이 5만5천 명 이상이었고, 물자를 수송한 노동자 수만도 거의 10만에 가까웠다.

처음에 프랑스군은 비행기로 물자와 증원 병력을 날랐다. 하지만 베트민군의 집중 포격으로 곧 기지 외곽의 활주로는 사용할 수 없게 되었고, 활주로에 착륙하는 비행기도 주변 산악지대로부터 날아오는 베트민군의 포탄에 박살났다. 이에 프랑스군은 공중에서 낙하산으로 물자와 병력을 떨구는 방법을 썼지만, 베트민의 화력은 이들이 지상에 발을 붙이기도 전에 전사하게 만들기 일쑤였다.

5월 초, 베트민군은 디엔 비엔 푸의 외곽 방어선을 뚫고 내부의 프랑스 요새를 공격하기 시작했다.

그리고 5월 6일.

베트민군의 최종 공격이 시작되었다. 베트민군은 사방에서 공격을 가했고, 적의 본부를 점령해 참모부 전체를 포로로 잡았다. 프랑스는 완전히 패배했다. 프랑스군 가운데 1,500명이 전사했고, 4,000명 이상이 부상당했다. 그러나 사상자 수로만 보자면 베트민군의 승리라고 할 수 있을까? 베트민군의 사상자 수는 거의 2만5천 명에 달했다. 그야말로 사력을 다한 전투였던 것이다.

베트민군의 엄청난 희생에도 불구하고 이날은 베트남 역사에 아주 중요한 날로 기억된다. 인도차이나에서 프랑스가 누렸던 지배력이 완전히 붕괴되는 초석이 된 날이기 때문이다.

절망의 제네바 회담, 그리고 분단된 베트남

디엔 비엔 푸의 프랑스 기지가 완전히 함락된 바로 다음날인 5월 7일. 인도차이나의 갈등을 해결하기 위한 회담이 제네바에서 열렸다. 베트남 대표로 참석한 팜 반 동은 물론 완전한 주권의 인정과 독립의 국제적 인정, 그리고 모든 외국 군대의 철수를 강력히 요구했다. 반면 회담에 참석한 다른 나라들은 이를 인정하지 않았다. 그들은 베트남을 둘로 나누어 북부는 베트민에게, 남부는 바오다이 정부에게 넘겨주는 방안을 주장했다.

베트민은 베트남의 분단이라는 상황 앞에서 심각한 고민에 빠져들었지만, 결국은 받아들일 수밖에 없었다. 그렇지 않으면 베트남에는 계속 전쟁의 참상이 이어질 테니까. 호치민이 염려했듯 베트민이 제네바 협정안을 받아들이지 않으면 프랑스와의 전쟁은 계속될 것이고, 이제 프랑스 뒤에는 미국이 있다는 것을 염두에 두어야 했다. 그렇게 되면 한국 전쟁에서 그랬듯이 미국과 중국이 개입할 게 뻔했기 때문이다.

그렇게 해서 협정은 1954년 7월 21일 새벽에 체결되었다. 휴전을 빌미로 하여 17도선을 경계로 베트남의 남북은 갈라졌다. 협정 이행은 인도, 캐나다, 폴란드로 구성되는 '국제 감시 위원회'가 감독하기로 했다.

물론 베트남 내부에서는 울분을 터뜨리는 사람들이 많았다. 분

위기가 심각한 것을 호치민도 잘 알고 있었기 때문에 그는 이렇게 자기 스스로와 동료들을 위로할 수밖에 없었다.

"일부에서는 우리의 계속된 승리에 도취하여 어떤 대가를 치르고서라도 계속 싸우고 싶어 한다. 그러나 이는 나무만 보고 숲은 보지 못하는 것이다. 그들은 프랑스군의 철수에만 관심이 있지 그들의 책략을 보지 못한다. 그들은 프랑스만 볼 줄 알았지 미국은 보지 못하고 있다. 그들은 우리가 목표를 달성하기 위해 전쟁뿐 아니라 국제 회의장에서도 싸워야 한다는 걸 모른다."

평화에 대한 덧없는 희망, 폭력 행위의 근절이 아닌 일시적 소강 상태. 그러나 어찌됐든 제네바 협정으로 베트남 민주공화국은 극단적인 무력 대치 상황에서 한숨 돌릴 기회를 얻었다. 베트민군은 혁혁한 승리를 거두었지만 더 이상의 공격을 감행할 수는 없었다.

하지만 한 가지. 제네바 협정으로 이번에는 베트남 남부에 미국을 등에 업은 반공주의 정부가 들어설 발판이 마련되고 있었다.

두 전쟁 사이

어제는 산산조각 났던 베트남이 이제는 둘로 갈라졌다. 17도선 이북에는 당-국가 통일 체제인 베트남 민주공화국이, 남쪽에는 미국과 손잡은 군대-국가 통일체인 국가가 뿌리내리려 안간힘을 쓰고 있었다. 바오다이는 친미파인 응오 딘 디엠을 국가 수반으로 앉

했다. 초기에 미국의 비호를 받으면서 시작된 디엠의 독재 정치는 나중에는 모두가 환멸을 느낄 지경에 이르기까지 8년 동안이나 계속되었다. 디엠은 남부 전역에서 베트민의 남은 세력을 말살하기 위해 '공산주의자 고발' 운동을 시작했고, 체제 전복에 참여한 혐의로 수천 명을 체포했다. 결국 그가 암살당했을 때 모두가 안도했을 정도였다.

한편 호치민은 이 상황을 받아들일 수밖에 없다고 판단하고 우선 베트남 북부의 상황을 안정시키는 데 주력했다. 그러면서도 베트남 통일을 포기하거나 영원히 베트남이 분단국가로 남으리라고 생각하지는 않았다. 어디까지나 그는 북부를 건설한 후에 남부를 바라보자는 생각이었다.

1954년 10월 9일 제네바 협정에 따라 프랑스군이 하노이에서 떠났다. 10월 10일이 되자, 하노이 시민들은 다시 돌아온 혁명 정부를 환영하면서 도시는 암울한 전쟁의 분위기를 떨쳐 버리고 다시금 활기를 되찾았다. 거리는 온통 축제 분위기였다. 거리마다 당과 정부를 환영하는 깃발과 구호가 나부꼈다.

호치민은 10월 12일, 조용히 북부의 게릴라 기지를 떠나 하노이로 돌아왔다. 그는 8년간의 전쟁과 수십 년간의 외국 지배의 잔재를 지우고 사회를 안정시키려고 노력했다. 그리고 점차 국가를 사회주의 체제로 탈바꿈하기 시작했다.

그 중 가장 중요한 정책은 토지 개혁이었다. 토지 개혁은 1955년부터 베트남 북부 전역으로 확장되었다. 각 마을마다 노동자를 착취했다는 혐의로 많은 지주들이 고발당했고, 그 가운데 수천 명이 체포되었다. 이들은 대부분 지역 재판소에서 판결을 받은 직후 바로 총살대에서 처형당했다. 이 와중에 실제로는 죄를 짓지 않은 선량한 사람들이 많이 다치거나 죽기도 했다. 호치민은 야만적인 방법을 사용하지 말고 실제로 죄가 있는지 없는지 여부를 확실하게 한 다음 처벌을 해야 한다고 주장했지만, 당내의 급진파는 호치민의 온건한 말을 무시했다.

헤아릴 수 없는 많은 사람들이 '계급의 적'으로 낙인찍혀 박해와 수모를 당했다. 호치민은 토지 개혁에 수반된 무차별적 폭력에 경악하고 지나치게 격화되는 것을 막으려 했지만, 그의 말은 당시 분위기에서 거의 먹히지 않았다. 그는 지나친 개혁이 오히려 민심을 해칠 수 있다는 것을 잘 알고 있었다.

1956년 8월, 호치민은 자신의 이런 생각을 간곡하게 말했다.

"일부 간부들은 우리 정책을 정확하게 이해하지 못해 대중 노선을 올바르게 수행하지 못하고 있다. 토지 개혁은 농촌 지역의 단결이라는 면에서 수많은 결함과 잘못을 드러내고 있다."

호치민의 이런 우려는 곧 현실로 드러났다. 프랑스-베트민 전쟁

이 끝난 후 처음으로 정부 정책에 항의하는 대중 시위가 일어나기 시작했던 것이다. 거기다 토지 개혁으로 일어난 소요는 농촌 지역에 그치지 않고 도시의 지식인 사회에도 이런 분위기가 팽배해져 갔다. 지식인들은 의무적으로 마르크스-레닌주의에 대한 강의를 들어야 했다. 모든 문화 정책을 정부가 독점했기 때문이다. 그들은 『냔 반』이라는 잡지를 만들어 공개적으로 정부를 비판하기에 이르렀다.

그러나 이러한 여타의 부작용에도 불구하고 북부의 베트남 민주공화국은 빠르게 사회주의 국가로서 자리를 잡아갔다. 이 시기에 호치민은 어느 때보다도 베트남 정치 문화의 중심 지주가 된다. 그는 국가의 원수이자 당의 총서기(1956~1960년)이고, 당 총재였으며, 베트남 주도 세력의 핵이었다. 또한 그는 많은 베트남 국민들에게 '호 아저씨'라 불리며 존경과 사랑을 한 몸에 받았다. 그렇지만 그는 절대 이 상태에 만족할 수 없었다. 오랜 숙원인 조국 통일이 아직 남아 있었던 것이다. 그리고 호치민은 이제 모든 베트남 인들의 소망인 조국 통일을 위해 힘을 모을 때가 왔다고 생각했다.

사랑받은 호 아저씨

높은 곳에 있지도, 먼 곳에 있지도 않다.

황제도 아니고 왕도 아니다.

그저 큰 길가에 서 있는 보잘것없는 이정표.

지나가는 사람들에게 바른 방향을 일러 주어

길을 잃지 않게 한다.

아직 길 위에 서 있는 이들에게

얼마나 더 가야 할지 알려 준다.

그대의 노고가 가볍지 않으므로

사람들은 늘 그대를 기억하리라.

호치민 「공이 있는 자를 추모하며」, 『옥중일기』 중에서

전쟁, 다시 시작되다

빠르게 사회가 안정되어 가면서 베트남 민주공화국은 남북으로 갈라져 있는 베트남의 통일에 전력을 기울이게 된다. 하지만 여기에도 여전히 난관은 있었다. 그 중 가장 중요한 것은 미국의 개입 가능성이었다. 미국을 등에 업고 있는 응오 딘 디엠이 미국을 끌어들이면 베트남의 통일은 또다시 미궁 속으로 빠져들 수밖에 없으니 말이다.

디엠은 1959년 보안 부대들이 반대 세력을 체포하고 처벌할 권한을 강화한다는 내용의 '10/59'법을 만들었는데, 이 법은 거의 모든 사람을 마음대로 재판 없이 사형시킬 수 있었다. 이로 인해 베트남 남부에서 활동하던 수많은 혁명 세력이 죽거나 체포되었다. 갈수록 탄압이 심해지자 견디다 못한 사람들은 응오 딘 디엠의 정권에 반대하는 시위를 벌이기 시작했다. 베트남 남부 곳곳에서 크고 작은 봉기들이 일어나자, 베트남 남부 디엠 정권 하에서 비밀리에 활동하던 베트민들은 이에 용기를 얻어 1960년부터 디엠 정권의 전초 기지들을 공격하기 시작했고, 지역 주민의 지원을 받아 수십 개 마을을 점령했다.

이렇게 남베트남에서 무장 저항이 급속히 번져 나가자 호치민은 더 이상 디엠의 탄압 정책을 방치할 수 없다고 결론을 내렸다. 이는 혁명 전쟁을 의미했다. 그리고 1960년 12월, 드디어 베트남의 통일을 위한 '남베트남 민족 해방 전선(NLF)'이 결성되었다. 남부에서는 이들을 베트남 공산주의자라는 뜻으로 베트콩이라 불렀다. 이는 원래 디엠이 그들을 얕잡아 부르는 말로 만들었는데, 나중에 미국인들이 그대로 따라 불렀다. 이어 무력 투쟁을 수행할 군대인 '인민 해방군'을 창설했다.

민족 해방 전선과 인민 해방군이 생기면서 남베트남의 반정부 투쟁은 활기를 띠었다. 1961년 말 인민 해방군의 병력은 약 1만5천 명으로 늘어났고, 베트콩 부대들은 늘어난 규모와 동력을 이용해 남베트남의 군사 시설, 수송 차량, 행정 사무소 등을 공격하기 시작했다. 베트콩 부대들은 파죽지세로 디엠 정권을 밀어붙였고, 1963년 1월에 들어서서 개시한 베트콩의 대규모 공세로 디엠 정권은 서서히 세력을 잃어 갔다. 그러다 결국 11월에 군사 쿠데타가 일어나 디엠 정권은 붕괴되었다.

하지만 디엠 정권이 무너졌다고 해서 베트남이 통일된 것은 아니었다. 호치민이 우려했던 대로 이번에는 미국이 베트남에 직접 개입하기 시작한 것이다. 미국은 남베트남에 자신들의 구미에 맞는 새 정부를 세우기 위해 베트남에 직접 전투 부대를 투입하기 시작했다. 1965년에 미국은 50만이 넘는 병력과 수천 대의 전투기를 출동시켰다. 미국의 전투 부대들은 주택, 학교, 병원, 상점, 공장 등 장소를 불문하고 베트남 전역에 대한 파괴를 시작했다. 미국은 남

베트남의 베트콩 부대뿐 아니라 북베트남에까지 무차별적으로 폭탄을 퍼부었다. 무려 1,500만 톤의 폭탄이 베트남으로 떨어졌다.

베트남은 버티고 또 버텼다. 엄청난 희생이 뒤따랐다. 1961년에서 1975년까지 미국과의 전쟁을 치르는 동안 231만 3천 명의 사상자가 발생했다. 하지만 이 같은 맹렬한 공격도 베트콩의 저항 의지를 꺾지 못했다. 미국은 베트남의 게릴라들에게 당해 결국 베트남을 떠날 수밖에 없었던 프랑스의 전철을 밟고 있었다.

게다가 미국의 무자비한 공격 소식이 전 세계에 알려지면서 반미 운동이 급속하게 확산되었다. 세계의 여론이 미국의 의도와는 반대로 흘러가면서 베트남 민주공화국과 민족 해방 전선은 국제사회에서 그 정통성을 인정받게 되었다. 1965년경 호치민은 서구 젊은이들의 우상이 되었고, 날로 거세지는 미국 반전 운동의 영웅으로 떠올랐다. 그의 모든 활동과 말들은 민족주의적 공산주의의 논리 속에서 받아들여졌다. 미국의 비인간적인 행위에 굴복하지 않고 끝까지 대항하는 모습이 인상적이었기 때문이다.

1969년 7월 20일 연설에서 호치민은 마침내 국민에게 늘 얘기하던 '미국은 질 것이다.' 라는 표현을 바꿔 '미국은 지고 있다.'라고 말할 수 있었다.

승리는 아직 지평선 저 멀리

하지만 아직 승리는 손에 잡히지 않았고, 호치민은 이제 79세의 노인이 되었다. 그는 노쇠 증상을 보이기 시작했다. 숨을 쉬거나 움직이는 데 어려움을 겪었고, 이따금 정신이 무뎌지기도 했다. 여전히 매일 체조를 하고, 자신의 작은 집 주위의 정원을 손질하고, 근처 연못에서 잉어에게 먹이를 주기도 했지만, 자주 집중력을 잃고 잠이 든 것처럼 보이기도 했다.

호치민의 건강은 계속 악화되어 갔지만, 그는 일을 계속하겠다고 고집을 부렸다. 의사들은 정기적으로 호치민의 심장박동을 검사했다. 하지만 1969년 8월 중순, 호치민의 상태는 갑자기 악화되었다. 관리들이 남부의 상황을 보고하러 왔을 때 호치민은 몸이 좀 나아졌다고 말했지만, 그의 목소리는 떨렸고 눈은 초점을 잃고 있었다.

그리고 베트남 독립 24돌 기념일이 있던 9월 2일 아침 9시 45분, 호치민은 끝내 베트남의 통일을 보지 못하고 눈을 감았다.

1969년 9월 8일, 베트남의 초대 주석이었던 호치민의 장례식이 열렸다. 많은 사람들이 눈물을 흘리며 장례식을 지켜보았다. 군중들은 침묵 속에서 나직하게 낭독되는 장례사를 경청했다. 장례사가 끝난 뒤, 새하얀 옷을 입은 군악대가 애국 찬가를 연주했다. 사람들은 흐느끼며 찬가를 들었고, 식은 조용하게 끝이 났다. 호치민의 유언에 따라 단 35분 만에 간소하게 치러진 장례식이었다.

장례식 내내 사람들은 뜨겁게 내리쬐는 늦여름의 햇볕을 받고 있었다. 햇살은 견디기 어려울 만큼 뜨거웠지만, 누구 하나 자리를 뜨지 않았다. 장례식이 끝난 후, 눈물을 삼키며 군중들이 말없이 바딘 광장을 빠져나갔다. 그들은 마치 홍강의 물이 빠지면서 삼각주가 바닥을 드러내듯 썰물처럼 시외로 빠져나갔다. 사람들은 늙은 투사의 주검을 보면서 동시에 유혈이 낭자했던 자신들의 과거를 떠올렸을 것이다. 그리고 아직 끝나지 않은 전쟁을 슬퍼했을지도 모를 일이다. 그토록 바라던 통일된 조국을 보지 못하고 눈을 감은 혁명가를 가슴에 품고서 말이다.

호치민의 사망 소식이 전해지자 전 세계에서 논평이 쏟아졌다. 모스크바는 공식 성명을 통해 호치민을 "영웅적인 베트남 인민의 위대한 아들이며, 국제 공산주의 운동과 민족 해방 운동의 뛰어난 지도자이다" 라고 말했다. 제3세계 국가들은 그를 억압받는 민족들의 옹호자로 찬양했다. 인도에서 나온 어떤 글은 그를 '인민의 정수(精髓)이며 자유를 향한 열렬한 갈망과 인내와 투쟁의 화신'이라고 묘사했다. 다른 글들은 그의 소박한 태도와 높은 도덕성을 부각시켰고, 한 신문 사설에는 이런 글이 실렸다.

"그는 우주만큼 넓은 심장과 아이들에 대한 끝없는 사랑을 가진

사람이었다. 그는 모든 분야에서 소박함의 모범이었다.”

한편 호치민 사후, 미국과의 전쟁은 그 정세가 민족 해방 전선에 유리하게 바뀌어 갔다. 거기다 미국에서는 워터게이트 사건이 터져 닉슨이 하야했기 때문에 반전 운동은 더욱 확산되었다.

1975년 3월.

드디어 베트남의 마지막 공격이 감행되었다. 이른바 ‘호치민 작전’이라고 불리는 이 공격은 판 반 동의 표현에 따르면 전쟁의 대단원을 장식하는 것이었다. 4월 30일, 결국 사이공이 탈환되었다. 그리고 남베트남의 수도였던 사이공 시는 호치민을 기려 호치민 시로 이름을 바꾸었다.

1976년 7월 2일.

그해 4월에 선출된 국민의회는 남북으로 갈라졌던 베트남이 이제 하나가 되어 ‘베트남 사회주의 공화국’이 창건되었음을 공식적으로 선언했다. 호치민이 평생을 바쳐 그토록 꿈꿨던 베트남의 독립과 통일의 순간, 그 가슴 벅찬 광경을 그는 고스란히 남아 있는 사람들의 몫으로 돌린 것이다.

　개정판을 낸다는 소식을 듣고 감회가 새로웠다. 우선 이 책을 낸 10여 년 전이 개인적으로 막 소설가로 등단해서 첫 발을 내딛던 시점이었기 때문이다. 지금도 그렇지만, 그때는 처음이라 더더욱 모든 작업에 열과 성을 다할 때였다. 그런 때를 같이했던 책이 바로『호 아저씨, 호치민』이다. 개정판에 들어갈 말을 쓰려다보니 새삼 그때의 감회가 떠올랐다. 전혀 알지 못했던 호치민이라는 인물을 알기 위해 열심히 공부하고, 또 이해하려고 노력했던 기억이 새롭다.

　체 게바라가 가장 존경했던 지도자이자 인도차이나의 간디라 불렸던 사나이 호치민. 때로는 강인하면서도 때론 온화한 국민의 아버지였던 그는 '호 아저씨'라는 애칭으로 불렸다. 호치민은 프랑스의 제국주의와 봉건주의에 맞서 주체적인 정부를 수립하려 노력했으며 그 과정에서 과감한 결단을 내려 결국 베트남 독립을 성공적으로 이끈 소박하면서도 강인한 지도자였다.

호치민 정부는 공산주의의 강령에 매이지 않고 노동자 중심의 사회를 만들기 위한 실질적이고 합리적인 강령을 추진했다. 과중한 과세와 강제 징집의 폐지, 하루 8시간 노동제 도입 등 공산주의를 전면에 내세우지 않은 온건한 개혁은 프랑스 치하에서 핍박받던 베트남을 비롯한 당시 식민 국가뿐 아니라 독립적인 자주 국가 모두에게 귀감이라 할 수 있다. 또한 호치민 정부는 기본적으로는 비폭력주의를 고수하고 주체적 독립국을 지향했지만 객관적인 판단 아래 필요에 의해서는 과감한 협상을 하기도 했고, 결단을 내린 후에는 단호하게 대처했다. 절대적으로 불리한 상황에서도 베트민 게릴라군이 결국 승리할 수 있었던 건 지형지세를 최대한 활용한 전략과 국민의 전폭적인 지지 덕분이었다. 처음 시작은 민족의 독립이었으나 냉전 체제의 국가 정세에서 점차 이념을 사이에 둔 내전으로 전쟁의 양상이 변화해간 과정, 승전 이후에도 외세 열강과의 회담을 통해 분단된 과정까지 베트남의 상황은 당시 한국전쟁이 한창이던 1950년대의 우리나라 사정과 놀랍도록 흡사하다.

평생 조국의 독립을 위해 때를 기다릴 줄 알았으며, 냉정하게 상황을 살펴 필요할 때는 한 발 물러서지만 때로는 강하게 권리를 주장할 줄 알았던 지도자. 평소에는 민생을 살피며 소탈한 생활로 아버지와 같은 친근한 이미지를 고수하다가도 결단의 순간에는 국제 정세를 살펴 단호한 판단을 내릴 줄 아는, 조용하면서도 강한 지도자. 호치민이야말로 오늘날 우리에게 필요한 진정한 리더십의 덕목을 보여주는 인물이 아닐까?

어느 때보다 훌륭한 지도자에 대한 열망이 커져 있는 때이다. 이 책이 그 질문에 대한 답을 구하는 데 조금이나마 도움이 되었으면, 하는 것이 개인적인 바람이다.

호치민 연보

1890년	5월 19일 응에 안 성의 킴 리엔 마을에서 응엔 신 꿍(호치민) 출생
1901년	어머니 로안이 세상을 떠남
1907년	수도인 후에의 프랑스식 국립학교인 국학에 합격
1908년	조세 반대 시위에 가담하여 국학에서 퇴학당함
1911년	6월 사이공에서 배를 타고 베트남을 떠남
1919년	프랑스 파리에서 '안남 애국자 연합' 결성('응엔 아이 꾸옥'이라는 이름을 씀)
1921년	'국제 식민지 연맹' 결성
1922년	『르 파리아』 창간. 편집인이자 중요 기고가로 활동
1923년	6월 모스크바로 탈출. 스탈린 학교에서 교육받음
1925년	중국 광저우에서 '베트남 혁명 청년 동지회' 결성
1927년	중국인 탕 투옛 민과 결혼해 딸을 낳음
1930년	베트남 공산당 창당
1931년	6월 홍콩에서 체포됨
1932년	12월 석방

1940년	'베트민 전선' 결성. 호치민이란 이름을 사용하기 시작함
1942년	8월 중국으로 가는 길에 체포됨.『옥중일기』집필
1943년	9월 석방
1945년	3월 일본의 쿠데타. 8월 베트민 총봉기. 9월 독립 선언
1946년	7월 퐁텐블로 회담 결렬. 12월 하노이에서 전쟁 발발
1951년	베트민 전선은 '베트남 민족 통일 전선'으로, 인도차이나 공산당은 '베트남 노동당'으로 개명
1954년	제네바 협정. 디엔 비엔 푸 전투
1959년	12월 '남베트남 민족 해방 전선(베트콩)' 수립
1965년	미국의 무차별적 공격. 베트남 민주공화국과 미국의 전쟁
1969년	9월 2일 호치민 사망
1973년	미국과의 타협. 휴전과 미군 부대 철수 합의
1975년	마지막 공세로 사이공 점령
1976년	'베트남 사회주의 공화국' 창건

베트남의 호 아저씨

호치민

© 김이은, 2005

초　판 1쇄 발행　2005년 1월 21일
개정판 1쇄 발행　2013년 3월 15일
개정판 4쇄 발행　2022년 5월 3일

지은이　　김이은
펴낸이　　강병철
펴낸곳　　더이룸출판사
출판등록　1997년 10월 30일 제1997-000129호
주소　　　10881 경기도 파주시 회동길 325-20
전화　　　편집부 02) 324-2347 경영지원부 02) 325-6047
팩스　　　편집부 02) 324-2348 경영지원부 02) 2648-1311
이메일　　jamoteen@jamobook.com

ISBN 978-89-5707-732-0 (44990)